专利共同侵权
规则与理论

Joint Patent Infringement
Rules and Theories

张 晓 著

社会科学文献出版社
SOCIAL SCIENCES ACADEMIC PRESS (CHINA)

图书在版编目（CIP）数据

专利共同侵权：规则与理论 / 张晓著. -- 北京：
社会科学文献出版社，2021.3
（中国社会科学博士后文库）
ISBN 978 - 7 - 5201 - 8040 - 5

Ⅰ.①专… Ⅱ.①张… Ⅲ.①专利权法 - 侵权行为 -
研究 - 中国 Ⅳ.①D923.424

中国版本图书馆 CIP 数据核字（2021）第 038542 号

·中国社会科学博士后文库·
专利共同侵权：规则与理论

著 者 / 张 晓

出 版 人 / 王利民
组稿编辑 / 刘骁军
责任编辑 / 易 卉

出 版 / 社会科学文献出版社·集刊分社（010）59367161
地址：北京市北三环中路甲 29 号院华龙大厦 邮编：100029
网址：www. ssap. com. cn
发 行 / 市场营销中心（010）59367081 59367083
印 装 / 三河市龙林印务有限公司

规 格 / 开 本：787mm × 1092mm 1/16
印 张：12.5 字 数：210 千字
版 次 / 2021 年 3 月第 1 版 2021 年 3 月第 1 次印刷
书 号 / ISBN 978 - 7 - 5201 - 8040 - 5
定 价 / 78.00 元

本书如有印装质量问题，请与读者服务中心（010 - 59367028）联系

第九批《中国社会科学博士后文库》编委会及编辑部成员名单

（一）编委会

主　任：王京清

副主任：崔建民　马　援　俞家栋　夏文峰

秘书长：邱春雷

成　员（按姓氏笔画排序）：

卜宪群	王立胜	王建朗	方　勇	史　丹
邢广程	朱恒鹏	刘丹青	刘跃进	孙壮志
李　平	李向阳	李新烽	杨世伟	杨伯江
吴白乙	何德旭	汪朝光	张车伟	张宇燕
张树华	张　翼	陈众议	陈星灿	陈　甦
武　力	郑筱筠	赵天晓	赵剑英	胡　滨
袁东振	黄　平	朝戈金	谢寿光	樊建新
潘家华	冀祥德	穆林霞	魏后凯	

（二）编辑部（按姓氏笔画排序）：

主　任：崔建民

副主任：曲建君　李晓琳　陈　颖　薛万里

成　员：

王　芳	王　琪	刘　杰	孙大伟	宋　娜
张　昊	苑淑娅	姚冬梅	梅　玫	黎　元

序　言

　　博士后制度在我国落地生根已逾 30 年，已经成为国家人才体系建设中的重要一环。30 多年来，博士后制度对推动我国人事人才体制机制改革、促进科技创新和经济社会发展发挥了重要的作用，也培养了一批国家急需的高层次创新型人才。

　　自 1986 年 1 月开始招收第一名博士后研究人员起，截至目前，国家已累计招收 14 万余名博士后研究人员，已经出站的博士后大多成为各领域的科研骨干和学术带头人。这其中，已有 50 余位博士后当选两院院士；众多博士后入选各类人才计划，其中，国家百千万人才工程年入选率达 34.36%，国家杰出青年科学基金入选率平均达 21.04%，教育部"长江学者"入选率平均达 10% 左右。

　　2015 年底，国务院办公厅出台《关于改革完善博士后制度的意见》，要求各地各部门各设站单位按照党中央、国务院决策部署，牢固树立并切实贯彻"创新、协调、绿色、开放、共享"的发展理念，深入实施创新驱动发展战略和人才优先发展战略，完善体制机制，健全服务体系，推动博士后事业科学发展。这为我国博士后事业的进一步发展指明了方向，也为哲学社会科学领域博士后工作提出了新的研究方向。

　　习近平总书记在 2016 年 5 月 17 日全国哲学社会科学工作座谈会上发表重要讲话指出：一个国家的发展水平，既取决于自然科学发展水平，也取决于哲学社会科学发展水平。一个没有发达的自然科学的国家不可能走在世界前列，一个没有繁荣的哲学社会科学的国家也不可能走在世界前列。坚持和发展中国特色社会主义，需要不断在实践和理论上进行探索、用发展着的理论指导发展着的实践。在这个过程中，哲学社会科学具有不可替代的重要地位，哲学社会科学工作者具有不可替代的重要作用。这是党和国家领导人对包括哲学社会科学博士后在内的所有哲学社会科学领域的研究者、工作者提出的殷切希望！

中国社会科学院是中央直属的国家哲学社会科学研究机构，在哲学社会科学博士后工作领域处于领军地位。为充分调动哲学社会科学博士后研究人员科研创新积极性，展示哲学社会科学领域博士后优秀成果，提高我国哲学社会科学发展整体水平，中国社会科学院和全国博士后管理委员会于 2012 年联合推出了《中国社会科学博士后文库》（以下简称《文库》），每年在全国范围内择优出版博士后成果。经过多年的发展，《文库》已经成为集中、系统、全面反映我国哲学社会科学博士后优秀成果的高端学术平台，学术影响力和社会影响力逐年提高。

下一步，做好哲学社会科学博士后工作，做好《文库》工作，要认真学习领会习近平总书记系列重要讲话精神，自觉肩负起新的时代使命，锐意创新、发奋进取。为此，需做到：

第一，始终坚持马克思主义的指导地位。哲学社会科学研究离不开正确的世界观、方法论的指导。习近平总书记深刻指出：坚持以马克思主义为指导，是当代中国哲学社会科学区别于其他哲学社会科学的根本标志，必须旗帜鲜明加以坚持。马克思主义揭示了事物的本质、内在联系及发展规律，是"伟大的认识工具"，是人们观察世界、分析问题的有力思想武器。马克思主义尽管诞生在一个半多世纪之前，但在当今时代，马克思主义与新的时代实践结合起来，愈来愈显示出更加强大的生命力。哲学社会科学博士后研究人员应该更加自觉坚持马克思主义在科研工作中的指导地位，继续推进马克思主义中国化、时代化、大众化，继续发展21世纪马克思主义、当代中国马克思主义。要继续把《文库》建设成为马克思主义中国化最新理论成果的宣传、展示、交流的平台，为中国特色社会主义建设提供强有力的理论支撑。

第二，逐步树立智库意识和品牌意识。哲学社会科学肩负着回答时代命题、规划未来道路的使命。当前中央对哲学社会科学愈发重视，尤其是提出要发挥哲学社会科学在治国理政、提高改革决策水平、推进国家治理体系和治理能力现代化中的作用。从2015年开始，中央已启动国家高端智库的建设，这对哲学社会科学博士后工作提出了更高的针对性要求，也为哲学社会科学博士后研究提供了更为广阔的应用空间。《文库》依托中国社会科学院，面向全国哲学社会科学领域博士后科研流动站、工作站的博士后征集优秀成果，入选出版的著作也代表了哲学社会科学博士后最高的学术研究水平。因此，要善于把中国社会科学院服务党和国家决策的大智库功能与《文库》的小智库功能结合起来，进而以智库意识推动品牌意识建设，最终树立《文库》的智库意识和品牌意识。

第三，积极推动中国特色哲学社会科学学术体系和话语体系建设。改革开放40多年来，我国在经济建设、政治建设、文化建设、社会建设、生态文明建设和党的建设各个领域都取得了举世瞩目的成就，比历史上任何时期都更接近中华民族伟大复兴的目标。但正如习近平总书记所指出的那样：在解读中国实践、构建中国理论上，我们应该最有发言权，但实际上我国哲学社会科学在国际上的声音还比较小，还处于有理说不出、说了传不开的境地。这里问题的实质，就是中国特色、中国特质的哲学社会科学学术体系和话语体系的缺失和建设问题。具有中国特色、中国特质的学术体系和话语体系必然是由具有中国特色、中国特质的概念、范畴和学科等组成。这一切不是凭空想象得来的，而是在中国化的马克思主义指导下，在参考我们民族特质、历史智慧的基础上再创造出来的。在这一过程中，积极吸纳儒、释、道、墨、名、法、农、杂、兵等各家学说的精髓，无疑是保持中国特色、中国特质的重要保证。换言之，不能站在历史、文化虚无主义立场搞研究。要通过《文库》积极引导哲学社会科学博士后研究人员：一方面，要积极吸收古今中外各种学术资源，坚持古为今用、洋为中用。另一方面，要以中国自己的实践为研究定位，围绕中国自己的问题，坚持问题导向，努力探索具备中国特色、中国特质的概念、范畴与理论体系，在体现继承性和民族性，体现原创性和时代性，体现系统性和专业性方面，不断加强和深化中国特色学术体系和话语体系建设。

新形势下，我国哲学社会科学地位更加重要、任务更加繁重。衷心希望广大哲学社会科学博士后工作者和博士后们，以《文库》系列著作的出版为契机，以习近平总书记在全国哲学社会科学座谈会上的讲话为根本遵循，将自身的研究工作与时代的需求结合起来，将自身的研究工作与国家和人民的召唤结合起来，以深厚的学识修养赢得尊重，以高尚的人格魅力引领风气，在为祖国、为人民立德立功立言中，在实现中华民族伟大复兴中国梦征程中，成就自我、实现价值。

是为序。

王京清

中国社会科学院副院长
中国社会科学院博士后管理委员会主任
2016 年 12 月 1 日

序

当作者将其博士后出站报告形成书稿交于我写序时，作为他的硕士和博士导师由衷地为他所取得的学术成果感到欣喜和骄傲。

作者2004—2007年在北大法学院攻读知识产权法律硕士学位时就展露其较强的学术钻研精神。毕业后从事知识产权法务工作5年，又以优异的成绩进入博士学习阶段。其间他在美国做一年访问学者，亦得到所在学校对他学业的称赞，特别给我发来一封邮件介绍他所取得的学业成绩。作者2017年博士毕业之后，在中国社科院法学所做博士后研究，同时这些年来也为不同类型的企业提供知识产权咨询，在对专利制度的研究方面一直具有理论和实践双重优势。本书稿即是这些年来作者理论和实践结合的研究结晶。

作者对专利制度的研究有独特的视角和感受。在北大法学院读书期间，我和作者经常讨论有时也是争论一些知识产权制度的理论问题。从专利制度诞生的历史背景出发，作者经常以经济学、社会学和法学的观察视角加以学术探讨。专利制度不仅仅是一项国家法律制度，同时也是经济发展的政策工具，其目的是在总体上促进技术的进步以推动国民经济的发展。如何能够用好这一项制度，既充分发挥其政策工具价值，也使其保持好作为法律制度的稳定性并进而有益于社会法治的整体建设，是学者对专利制度进行研究和运用始终要关注的基础。国外几百年的专利实践和中国企业在改革开放之后走向国际贸易市场的经验和教训也充分证明了这一结论。

专利侵权责任的确定是专利制度中的重要内容。在诸多理论和原则尚在讨论发展之时，随着信息技术的广泛应用，专利共同侵权这一问题又突出表现出来，成为学术界讨论的又一热点问题。目前我国在立法上缺少对专利共同侵权的明确规定，实践中却有大量纠纷需要在司法层面上通过判例给以明确指向。尤其是当涉及人工智能、物联网领域，有关专利共同侵权的认定规则更为复杂，对相关产业的发展也具有重要影响。

本书较为系统化地讨论了专利共同侵权的两个主要问题，即帮助和引诱行为与直接侵权行为的关系问题，以及多主体协同实施专利行为如何构成侵权的问题。本书考察了美国、德国、日本专利共同侵权的规则，不仅考察了这一制度本身，更深入地研究了这一制度在各国历史上以及整体法律框架中的运行机理，为我国进行制度借鉴时提供了参考，不仅知其然，亦能知其所以然。无论是从专利制度的研究运用水平，还是从技术创新在经济发展中的重要作用，美、德、日这三个国家都是全球的典范，对这三个国家相关制度进行考察，使得本书的结论具有很强的国际化特点。在此基础上，本书又落脚于我国的现实，提出了如何在我国整体法治框架下解决专利共同侵权的理论和制度建设以及目前问题的思路。

作者重视从历史和整体的角度研究某一具体的制度问题，注重理论逻辑的自洽性，反映出作者较强的理论研究功底和严谨的治学精神。相信读者在阅读本书中能够感受到作者的研究特点。

希望作者不断努力，在未来学术和实践之路上取得更多成就。

2021 年 1 月 11 日于北京大学法学院

摘　要

　　行为人并没有自己完全实施权利要求中记载的技术特征，而是帮助（例如实施了其中关键的一部分）或诱导他人去实施，或是与他人分工协同实施了权利要求中的全部技术特征的情况，在专利法理论上被称为"间接侵权"或者叫作"共同侵权"。本书比较了美国、德国和日本专利共同侵权制度的沿革和法律适用的情况，考察了中国关于这一问题在立法、司法和学界的现状，并就我国专利共同侵权问题提出了相关建议。

　　本书第一章回顾了美国间接侵权制度的发展历史，尤其是美国联邦巡回上诉法院对美国专利法第271条的解释，该条要求帮助侵权和诱导侵权必须以直接侵权的存在为条件。在美国，由于专利立法对帮助侵权和诱导侵权有了明确的规定，因此法院认为普通法的共同侵权规则不能再适用于专利侵权案件。基于这一逻辑，美国法院发展出了单一主体理论，并以此理论为基础，解决多主体分别侵权的问题。

　　第二章研究了德国间接侵权制度的演变。在1981年以前，德国在立法上与我国现在是一致的。德国法院除了在解释上放松了对共同侵权主观要件的要求外，严格遵守着立法确定的界限，即共同侵权仍需以实际存在直接侵权为条件。在1981年以后，德国专利法第10条设立了独立于直接侵权的间接侵权制度，这有助于解决多主体分别侵权的问题。另外，德国专利法并不排斥德国民法典的适用，因此德国民法典第830条关于共同侵权的条款仍能适用于专利共同侵权。

　　第三章考察了日本的专利间接侵权和共同侵权规则。日本专利法第101条实际上给予了间接侵权制度以独立性。与德国一样，日本民法典中的共同侵权规则也能适用于专利案件。共同直接侵权理论是日本学者一直在发展的以解决多主体分别侵权问题的理论。

本书最后一章研究了中国的专利共同侵权问题。笔者认为现有的立法已经无法适应社会对专利保护的实际需要，这导致司法上不得不突破民事侵权行为法的规定进行判决。司法机关实际被置于两难的境地。另外，对于多主体分别侵权问题，我们不宜采用客观关联共同说，而应该坚持要求行为人之间具有共同过错。

关键词： 共同侵权　分别侵权　间接侵权　客观关联共同　单一主体原则

Abstract

In a case where an actor does not implement all features describe in a patent claim but helps (for example, by implementing essential parts thereof) or induces others to implement it or acts in concert with others to implement all features in the claim, it is called a case of indirect infringement or joint infringement. This book comparatively studies the history and current application of the patent joint infringement rules in U. S., Germany, and Japan, investigates the legislative, judicial and academic status of patent joint infringement in China, and makes its proposals.

Chapter 1 of this book reviewed the history of U. S. indirect infringement and CAFC's interpretation of Section 271 of U. S. patent law. The indirect infringement is contingent on the existence of direct infringement according to this section. In the States, because the contributory infringement and inducement infringement are provided in the patent act, the courts contemplate that the joint infringement rules in common laws should not be applicable in patent cases. Accordingly, the courts developed the single entity rule which is also applied to solve the divided infringement problem.

The evolution of indirect infringement in Germany is studied in chapter 2. The patent legislation in Germany before 1981 is like China now. German courts losened its subjective requirement in joint liability while strictly constrained themselves within the bound set by legislation, i. e., joint infringement exists only upon the existance of direct infringement. After 1981, Germany legislated Article10 in its patent act and independentalized indirect infringement from direct infringement. This would also be helpful to solve the divided infringement problem. In addition, German patent law does not exclude the application of German Civil Codes. Therefore, Article 830 of German Civil Codes is also applicable to joint patent infringement cases.

We studied the patent indirect infringement and joint infringement rules in Japan in chapter 3. Article 101 of Japanese patent act in fact independentalizes indirect infringement. Like Germany, the joint infringement rule in Japanese Civil Codes is also applicable to patent cases. Joint direct infringement is a theory which Japanese scholars are developing to solve the divided infringement by plutal entities.

In the last chapter, patent joint infringement in China was explored. I believe the current legislation is not able to satisfy the economy's patent protection requirements, leading the courts in a dilemma to go beyond current tort law. As for the divided infringement problem, the theory of objective connection should not be adopted, and joint fault should be identified before making an infringement verdict.

Keywords：Joint Infringement；Divided Infringement；Indirect Infringement；Objective Connection；Single Entity Rule

目　录

Contents

引 言

一、问题的提出

专利权的法定性决定了专利侵权的认定受到严格的成文法约束。按照我国现行的专利法，并非所有未经专利权人同意而实施专利技术的行为都会构成专利侵权，而仅限于专利法第 11 条规定的行为。其构成要件包括两个。对产品专利：①目的要件——以生产经营为目的；②对象要件——专利产品；③行为要件——制造、使用、许诺销售、销售或进口。对方法专利：①目的要件——以生产经营为目的；②对象要件——专利方法或者依照专利方法直接获得的产品；③行为要件——针对专利方法，是使用行为；针对依照专利方法直接获得的产品，是使用、许诺销售、销售或进口行为。

而所谓"专利产品""专利方法"是由专利的权利要求来具体限定的。

但现实当中的情况要复杂得多。有的行为人并未从事上述侵权行为，但是却教唆或怂恿他人从事上述侵权行为；有的行为人为他人从事上述侵权行为提供协助；有的行为人从事了上述侵权行为的一部分，另一部分由第三人来完成。甚至有可能出现如下的情况：不同人的侵权行为结合到一起，实施了专利技术，但没有任何人实际完整地执行了专利所保护的技术方案。

上述情况我国有学者将其称为专利间接侵权行为，而对于完全符合专利法规定的要件的，称为直接侵权行为。在我国的侵权法体系下，目前在立法上并没有直接侵权、间接侵权的概念。仔细分析间接侵权的定义，其实并不能涵盖上述所有的情况。

专利间接侵权制度起源于美国，具体包括两种行为，即美国专利法第

271 条（b）和（c）确定的两种行为：

（b）诱导他人从事侵权行为的行为；

（c）销售或进口用于专利产品的部件或者用于实施专利方法的材料或设备，且（i）这些部件、材料或设备构成了专利的实质性部件；（ii）明知该等部件、材料或设备是特别用来侵犯专利权的；且（iii）该等部件、材料或设备并非通用部件或者有实质性非侵权用途的商品。

对于美国专利法的这一规定，我国也有学者称其为"共同侵权"，将其定义为"第三人的行为诱导或促成了第二人的直接侵权。在这里，第二人直接侵犯了他人的专利权，而共同侵权者虽然没有直接侵犯他人的专利权，但却诱导或促成了第二人的直接侵权。共同侵权分为引诱侵权和帮助侵权"[①]。

可以看到，典型的间接侵权行为有两个实施主体，其中一人从事直接侵权行为，另一人从事教唆或帮助行为。德国专利法第 10 条、日本专利法第 101 条也有类似的规定。

但很显然，并非所有的多人侵权的情形都可以被纳入这一间接侵权的概念之下。北京市高院 2017 年发布的《专利侵权判定指南（2017）》，第116—122 条，规定了共同侵犯专利权的行为。其中第 118 条的规定类似于美国专利法第 271 条（b）的规定；119 条类似于美国专利法第 271 条（c）的规定。

在我国立法未明确承认间接侵权这一制度或术语的情况下，将相关行为纳入共同专利侵权行为予以规定，不失为在司法上的一个稳妥的选择。然而，专利法（尤其是发源于美国专利法）的间接侵权理论与传统大陆法系民法上的共同侵权理论之间的关系到底如何，在我国学者中颇多争议。我国专利法立法是否有必要明确引入间接侵权制度，不同学者也有不同观点。为了厘清这一问题，有必要研究英美法系下和大陆法系下，传统的共同侵权理论与专利间接侵权理论之间的关系，尤其有必要研究为何世界各国均将间接侵权制度与普通民事法律中的共同侵权制度相分离，明确以立法形式单独规定。在进行充分的比较法研究的基础上，回到我国的现实，构建专利共同侵权理论才是可能的，这也正是本书的目的。

---

① 李明德：《美国知识产权法》，法律出版社 2014 年版，第 102 页。

间接侵权这一特定的术语在美国、德国以及日本的司法和学术上都在使用。但各个国家在不同的时期，甚至同一时期不同的学者，在使用这一术语时所指代的内容也有区别。间接侵权制度与共同侵权制度的关系，也不尽相同。

在美国1952年修改专利法之前，美国司法上引用普通法的共同侵权规则来解决帮助或教唆他人实施专利权利要求所记载的所有技术特征的行为。在1952年修改专利法之后，美国法院认为普通法上的共同侵权规则不再适用于专利案件，因此，所谓间接侵权就特指美国专利法第271（b）和271（c）两种情形。粗略地说，即为他人实施全部技术特征提供实质性帮助的行为（主要是指提供没有实质性非侵权用途的商品）以及诱导行为。

而在德国，1981年修改专利法之前，间接侵权这一术语是指德国最高法院在传统民法共同侵权制度的基础上，降低了对共同行为主观要件的要求而发展出来的一套专利侵权规则。在1981年修改专利法之后，间接侵权则被普遍用于指专利法第10条的规则，这一规则完全区别于传统民法上的共同侵权制度，尽管后者仍然可以适用于专利案件。

在日本，间接侵权这一术语被一些法院使用于指代日本专利法第101条规定的行为。但也有人将其用于指代专利法第101条以外的非直接侵权行为（即日本民法典上的帮助或教唆行为），而对于第101条的规定，则用法定侵权行为或视为侵权行为这些术语来指称。

可以看到，由于各国法律的历史发展不同，专利间接侵权和专利共同侵权的联系也千差万别。这些术语的运用只在具体的讨论中才有意义，企图对其下一个统一抽象的定义，都将可能导致讨论具体问题时出现混淆。因此，这些术语的内涵在笔者下文的具体讨论中，需根据上下文来确定。

二、对现有研究的综述

目前我国学者的讨论大多围绕专利间接侵权的构成要件以及专利法上的间接侵权制度与民法上的共同侵权制度的关系这两个问题展开，并在讨论的基础上对我国的司法和立法提出建议。

在专利间接侵权的构成要件方面，由于司法实践的问题，我国早在

1990 年代就有人对专利间接侵权行为进行讨论。如吴观乐等学者[①]均就我国建立专利间接侵权制度提出过建议。在之后的讨论中，也大多参照其他国家的专利法，尤其是美国的专利法，对间接侵权问题予以探讨。例如姜丹明从行为主体、主观过错、行为种类、行为对象、行为客体五个方面对各国关于间接侵权的规定予以总结；[②] 闫文军从客观要件和主观要件方面总结了美国、英国、德国和日本的专利间接侵权的规定。[③]

更多的讨论集中在专利间接侵权制度是否具有独立的价值。综观各学者的观点，可以分为两大阵营。一种观点认为专利间接侵权不宜适用民法上的共同侵权理论来解决，应将其独立出来。

代表性的论述包括：认为使用共同侵权理论解决专利间接侵权问题，会扩大专利间接侵权的内涵和外延、抹杀专利间接侵权制度应有的主观状态、加重专利间接侵权人的责任负担、混淆了专利间接侵权纠纷的诉讼性质。[④] 也有学者分析了我国侵权责任法关于多主体侵权的条款以及其适用于间接侵权行为的问题，认为现有的条款均不足以解决间接侵权的问题。[⑤] 综观以上观点，他们的前提是间接侵权诉讼中无须证明直接侵权的存在，因而侵权责任法上的诸多规定都难以套用。程永顺认为，间接侵权主要打击的是故意规避全面覆盖原则，又给权利人造成确实损害的情形。间接侵权与共同侵权这两种行为在主观、客观、损害结果、责任承担等方面是截然不同的，不能混为一谈。[⑥]

还有学者提出了这样的问题，即有些企业将最后一步留给消费者实施，这在严格意义上并没有直接侵权行为存在，但这样的行为对于保护专利权显然是不利的。袁博认为主张适用共同侵权理论来处理间接侵权理

---

① 吴观乐：《关于间接侵权——对专利法增补"间接侵权"条款的建议》，《中国专利与商标》1997 年第 2 期；又见孙战龙《关于专利侵权中的间接侵权问题》，《科技与法律》1996 年第 2 期；梁群：《谈专利侵权诉讼中的几个问题》，《现代法学》1995 年第 1 期。

② 姜丹明：《关于间接侵权》，载《专利法研究（1999）》，知识产权出版社 1999 年版，第 16 页。

③ 见闫文军《专利权的保护范围》，法律出版社 2018 年版，第 214—221、281—290、329—332、420—433 页。

④ 张玲：《我国专利间接侵权的困境及立法建议》，《政法论丛》2009 年第 2 期。

⑤ 田小伍、贺保平：《〈侵权责任法〉对专利权保护的法律适用》，载《发展知识产权服务业，支撑创新型国家建设——2012 年中华全国专利代理人协会年会第三届知识产权论坛论文选编》（第二部分），知识产权出版社 2012 年版。

⑥ 程永顺：《〈专利法〉第三次修改留下的遗憾——以保护专利权为视角》，《电子知识产权》2009 年第 5 期。

论，必须以存在直接侵权为前提，因而将间接侵权制度独立出来是更为妥当的。① 另有一些学者也提出了间接侵权需依赖于直接侵权存在，这使得某些情况下的适用存在问题，并提出了解决的建议。②

另一种观点则认为我国的侵权法上的共同侵权理论已经足以涵盖间接侵权的问题，无须单独规定。

有人分析了我国司法界出现的一些案例之后，认为我国目前某些司法实践上间接侵权无须以直接侵权存在为前提，这会不恰当地扩大专利权的保护范围。③ 有人分析了美国间接侵权制度的构成要件，并评析了我国主张间接侵权制度独立于共同侵权制度的各种论证后，认为我国的共同侵权制度完全能够适用于间接侵权的情形，因此为了节约制度成本，没有必要单独予以规定。④

另外，还有人比较了美国、日本和德国关于专利间接侵权的规定，认为诱导侵权可以被我国共同侵权的理论所涵盖，而只应对帮助侵权进行立法，并详细讨论了帮助侵权应有的构成要件。⑤

综观现有的研究成果，分歧点其实主要在于：①对间接侵权与直接侵权的关系如何认识，存在分歧。主张间接侵权制度独立的学者认为至少在某些情况下，间接侵权并不必以直接侵权存在为前提，这样一来，间接侵权制度就不可能被传统民法的共同侵权制度所涵盖；②对间接侵权与共同侵权在构成要件方面的差别的认识存在分歧。主张间接侵权制度独立于共同侵权制度的学者认为，间接侵权的诉讼在主观要件的举证责任、责任承担方式、被告的诉讼地位等方面都与共同侵权诉讼有着很大的差别。而主张共同侵权制度可以涵盖间接侵权的学者，则认为两者在这些方面没有根本性差异。

应该指出的是，来自美国的间接侵权制度移植到我国时，确实有很多

① 袁博：《"专利间接侵权"应当如何追责》，《中国知识产权报》2015 年 11 月 18 日。
② 刘友华、徐敏：《美国方法专利拆分侵权认定的最新趋势——以 Akamai 案为视角》，《知识产权》2014 年第 9 期。
③ 于立彪：《关于我国是否有专利间接侵权理论适用空间的探讨》，载《专利法研究 2007》，知识产权出版社 2008 年版，第 429 页。
④ 熊文聪：《被误读的专利间接侵权规则——以美国法的变迁为线索》，《东方法学》2011 年第 1 期。
⑤ 张其鉴：《我国专利间接侵权立法模式之反思——以评析法释〔2016〕1 号第 21 条为中心》，《知识产权》2017 年第 4 期。

问题需要协调。例如，我国专利侵权的构成要件与美国有所不同。美国专利侵权没有"目的要件"，即侵权人无须以"生产经营为目的"，即使是消费者也可能构成直接侵权。当前的研究，似乎对这些差异的分析较少，导致对间接侵权的问题在我国到底应该如何处理，始终莫衷一是。

另外，共同侵权理论无论在英美法系还是在大陆法系，长久以来都是非常成熟的理论。在这样的背景下，世界各国间接侵权制度与其传统民事法律中的共同侵权制度之间的关系如何，也鲜有人论及。

与此相关的问题就是，在多个人的行为分别实施权利要求中的部分技术特征，结合到一起导致权利要求中全部技术特征被实施的情形，即所谓的多主体分别专利侵权，应该如何来认定，在我国学者中也讨论得不多。

三、本书的研究方法

本书在研究过程中，主要运用了以下方法。

历史分析方法。专利间接侵权制度源起于美国的司法判例，后在 20 世纪 50 年代被成文化。继美国之后，许多国家和地区先后在专利法中规定了专利间接侵权制度，如英国、德国、法国、日本、匈牙利、冰岛、挪威、芬兰、立陶宛、韩国、中国香港地区等。大陆法系中，德国 1981 年专利法第 10 条规定了独立的间接侵权制度。为何专利间接侵权制度会脱离传统的共同侵权制度，仅仅是为了立法上的明确还是有其独立的理论价值？这需要回到间接侵权的历史中去寻找。

比较分析方法。比较分析各国不同的法律制度和法律文化，借鉴其经验教训，从而发展和完善本国的法律制度是法学研究中的常用方法。专利间接侵权制度是一个在当今两大法系的主要国家和地区中都正在使用的制度。我国作为传承大陆法系法律制度的国家，是应该采纳该制度，还是应当坚持共同侵权制度的传统；我国知识产权领域对该制度的引入是否会和现有的制度产生冲突和矛盾；如何将该制度本土化，从而能够与我国知识产权制度的发展路径相一致，促进我国的知识产权制度为社会经济服务，这些问题都是需要通过比较分析方法进行深入分析和研究的。

基于概念法学的逻辑演绎也将是贯穿全书的一个重要方法。经验虽然对法律而言很重要，但法律规则最重要目的之一是为人们提供可预见性。这就决定了法学毕竟是个理性的学科，在规则层面应尽可能做到逻辑一致、交互井然。

　　当然笔者也承认，法律制度中充满了不同价值观之间的相互妥协，百分之百的逻辑井然是天方夜谭。因此在法学研究中，在厘清了法律技术层面的问题后，总会到达一个点，在这个点上我们不得不逃离法律概念逻辑构筑的精巧大厦而求诸如政策考量之类的价值判断。笔者的讨论将尽量限制在法学的技术层面，但当本书到达这个点时，笔者将给出自己的建议。

四、本书的创新点

　　本书的创新点主要体现在如下几个方面。第一，以美国、德国和日本作为横向比较的样本，研究了每个国家专利间接侵权制度与其各自一般民事共同侵权规则的关系，发现基于每个国家的法律历史发展、国家机构之间的权力分配方式等方面的不同，其专利间接侵权与民事共同侵权规则之间的关系存在着巨大的差异。第二，具体研究了多主体分别专利侵权（即多个主体分别实施权利要求中的部分技术特征，其行为结合在一起导致权利要求中全部技术特征被执行的情况）在各国的规则及理论发展情况，比较了各国的异同。第三，基于对美国、德国和日本相关情况的研究，以及我国目前的立法和司法现状，分析了我国目前存在的问题，并提出具体的解决方案：应该通过立法，把学者们通常所谓的间接侵权（即帮助侵权与教唆侵权）的情形独立于传统民法的共同侵权行为，使间接侵权的成立无须以认定直接侵权为要件；同时对于多主体分别侵权行为，应坚持在共同侵权的逻辑下来讨论，并且坚持要求行为人之间具有共同过错。

第一章　美国专利共同侵权制度研究

第一节　美国的共同侵权理论

一、普通侵权法的基本架构

在美国，根据侵权行为人的主观状态，"所有侵权行为均可纳入以下三种侵权行为之一：故意侵权行为（intentionally inflicted injury）、未尽合理注意义务的侵权行为（failure to exercise reasonable care）、适用严格责任的侵权行为（conduct giving rise to strict liability）"。① 也即故意侵权行为、未尽注意义务的侵权行为以及严格责任行为。

故意侵权行为。在故意侵权行为中，行为人的主观状态表现为故意，即"行为人有意使他的行为造成特定的后果，或者他相信其行为将实质性地确定产生该特定后果"。② 由此定义可知，故意是与后果相联系的。仅仅故意从事某行为，并不足以构成故意侵权行为，其意图必须及于该行为将导致的后果。这一后果可能不是他所"期望"（desire）的，但只要他知道该后果将会发生，或者实质地确定该后果将会发生，则足以构成故

---

① ［美］文森特·R. 约翰逊：《美国侵权法》，赵秀文等译，中国人民大学出版社2017年版，第3页。

② Restatement（second）of Torts，§8A，"The word 'intent' is used throughout the Restatement of this Subject to denote that the actor desires to cause consequences of his act, or that he believes that the consequences are substantially certain to result from it."

意。① 即构成故意可以分为两类：行为人追求（purpose）和明知（knowledge）。前者指行为人的意愿是追求特定结果的产生，后者指行为人实质地确定其行为会引起该后果的发生。②

在美国，对故意侵权行为的认定中，虽然要求行为人的意图及于其行为的后果，但很多的侵权类型并不要求行为人的意图及于被控侵权人的损害。也就是说，"证明被告存在造成损害的故意并非引起故意侵害赔偿责任的前提条件"。③ 或者"损害结果不是故意侵权成立的构成要件"。④ 例如，某甲走路时，故意伸出一只脚跨入路边某乙的土地，之后又立即将其脚收回。他的这一行为虽然并未对某乙造成任何实际的损害，仍然构成非法侵入土地（tresspass to land）的侵权，只是由于某乙没有实际损失，法院可能会给予其一个名义上的赔偿（nominal damages）。

未尽注意义务的侵权行为。未尽注意义务的侵权行为中最重要的一种，即过失（negligence）侵权。在美国，如果法律为保护他人的利益免受不合理的风险而规定了行为标准，但被控侵权人的行为未达到这一标准，则可以说他的行为属于过失侵权行为。⑤

过失侵权是美国侵权法的主要内容。一项过失侵权必须包括四个构成要件：义务的存在、违反义务的行为、因果关系和损害。和故意侵权不同，过失侵权之诉必须以某种实际损害的发生为前提。在确定义务是否存在的问题上，美国主流意见是考虑原告是否处在被告可预见的危险范围之中，只有在被告的行为对原告构成可以合理察觉的危险时，其才对原告负有法律上的义务。在被告是否采取了违反义务的行为问题上，双方争议的焦点往往是该义务所要求的标准，美国法院对此根据危险的性质、发生的概率性大小、当事人的情况等进行判断。就因果关系而言，可以划分为两个层次：一是事实上的因果关系，这要说明的是实际发生了什么，确定这一因果关系的重点在于被告的行为在事实上是否促成了原告所受损害的发

---

① Restatement（second）of Torts, §8A, comment a and b.

② ［美］文森特·R. 约翰逊：《美国侵权法》，赵秀文等译，中国人民大学出版社 2017 年版，第 4 页。

③ ［美］文森特·R. 约翰逊：《美国侵权法》，赵秀文等译，中国人民大学出版社 2017 年版，第 11 页。

④ 李响：《美国侵权法原理及案例研究》，中国政法大学出版社 2004 年版，第 15 页。

⑤ Restatement（second）of Torts, §282, "In the Restatement of this Subject, negligence is conduct which falls below the standard established by law for the protection of others against unreasonable risk of harm."

生，即被告的行为构成了损害的实质性因素。如果其行为是造成损害发生的必不可少的原因，或者足以独立导致损害发生，则可以证明被告的行为构成了损害的实质性因素。二是法律上的因果关系（proximate causation），决定的是侵权责任应该涵盖哪些由侵权行为实际造成的损失。只有那些与损害结果足够近（proximate）的行为，才能构成过失侵权责任。① 在第二次侵权法重述中，对于过失侵权的构成，需要被告的行为构成侵害的法律原因（legal cause），② 即构成损害的实质性因素（substantial factor）并且没有法律规则因其过失所导致的损害的方式而豁免其责任。③

在过失侵权责任与故意侵权责任之间，还有一种严重不负责任（reckless）的侵权行为，也属于未尽合理注意义务的侵权行为。这种侵权行为又被称为有意过失（willful negligence）。如果某甲采取某个行为，或者故意不履行其对他人所应尽的责任，而他知道存在某个事实，正常人基于该事实会意识到其行为将给他人造成不合理的实际损害风险，且这一风险实质性地超出使行为成为过失的风险，则某甲即构成了严重不负责任的侵权行为。④ 从客观上看，该行为是极端地没有尽到应尽的注意义务；从主观上看，包含着有意识地对应知道的危险发生的可能性予以漠视这一因素。⑤

上述责任形式，无论是故意侵权还是过失，当事人的过错都是构成要件之一。故意侵权责任自不必多言，对于过失侵权责任，在确定是否存在义务时，需考察原告的损害是否在被告的可预见范围之中，因此原

---

① 详见［美］文森特·R.约翰逊《美国侵权法》，赵秀文等译，中国人民大学出版社2017年版，第56—110页。

② Restatement（second）of Torts，§281，"The actor is liable for an invasion of an interest of another, if: … (c) the actor's conduct is a legal cause of the invasion, …"

③ Id.，§431，"The actor's negligent conduct is a legal cause of harm to another if (a) his conduct is a substantial factor in bringing about the harm, and (b) there is no rule of law relieving the actor from liability because of the manner in which his negligence has resulted in the harm."

④ Id.，§500，"The actor's conduct is in reckless disregard of the safety of another if he does an act or intentionally fails to do an act which it is his duty to the other to do, knowing or having reason to know of facts which would lead a reasonable man to realize, not only that his conduct creates an unreasonable risk of physical harm to another, but also that such risk is substantially greater than that which is necessary to make his conduct negligent."

⑤ ［美］文森特·R.约翰逊：《美国侵权法》，赵秀文等译，中国人民大学出版社2017年版，第5页。

告具有一般意义上的注意义务；违反义务的行为"本质上是在考察被告的注意义务标准，这就包含着对主观状态的认定。如果被告的行为未能达到所设立的标准，意味着他没有尽到合理的注意义务，即认定其存在过失。只不过在美国法下，过错所及的内容有所不同，故意侵权的情形下，过错只需要及于当事人行为的后果；而对于过失侵权，过错需要及于损害"①。

严格责任行为。与过错责任不同，严格责任下，并不区分被告是否具有过错，只要其行为与损害之间具有法律上的因果关系，则无论他是否尽了合理的甚至超乎寻常的注意义务，他都要承担责任。②

二、美国普通法的共同侵权规则

在美国的侵权法体系下，并没有像大陆法系一样对侵权的构成要件进行理论上的抽象，但我们从上述美国三大侵权行为的基本架构中，仍然能够看到，无论是故意侵权、未尽合理注意义务的侵权还是严格责任的侵权，在要求被告承担损失的情形下，被告行为与原告损失之间是否存在近因，都是法官必须考虑的一个问题。在存在多人共同行为导致侵权的情形下，这一问题就变成了多数人的行为与损害后果之间的关系问题，即协同一致的行为责任（concerted-action liability）。在普通法下，多主体协同一致的侵权分为三种类型：一种是"与他人协同一致或按照一个共同的计划执行侵权行为"；第二种是"明知他人的行为构成了对义务的违反，仍然对他给予实质性帮助或者鼓励而使其采取该等行为"；第三种是"对他人完成侵权结果提供实质性帮助，并且其自己的行为如果单独考虑，构成了对第三人义务的违反"。③

第一种类型被有些学者称为民事共谋（civil conspiracy）。其要求多个

---

① ［美］文森特·R.约翰逊：《美国侵权法》，赵秀文等译，中国人民大学出版社2017年版，第153页，"在通常情况下，过错侵权责任的构成要件包括对损害的可预见性以及不合理的行为"。

② James A. Henderson, Jr., Richard N. Pearson and John A. Siliciano, *The Tort Process*, Aspen Law & Business, 1999, p. 481, "In contrast to negligence, strict liability makes no distinction based on the presence or absence of fault on the part of the defendant. Instead, under strict liability an actor wholse conduct prosimately causes harm to another is liable regardless of whether reasonable, or, indeed, even extradinary, care was exercised."

③ Restatement (second) of Torts, §876.

主体按照明示或默示的合意在一系列的行为上合作或者合作完成一个特定的目的。[①] 第二种类型被有些学者称为帮助或教唆（aiding-and-abetting）。其在从事这一行为时，必须明知自己是在一个非法行为中发挥作用。可以看到，这两类行为中，行为人在主观上均具有故意的特征。第三种类型中，并不需要行为人对其行为后果具有追求或知道的状态，仅需要其具有过失即已足。在严格责任的情形下，协同一致行为的规则应如何适用，在美国并无统一的看法。美国法律协会在编撰侵权法重述时，明确不对如下的情形表态：某一方的行为不具有过错，但涉及危险责任时，是否仍然能够适用协同一致的行为责任。[②]

当事人之间协同一致的侵权行为，曾经一度是美国侵权法下承担连带责任的唯一方式。在 Sun Oil Co. v. Robicheaux 案中，法官论述道："当每个行为人都是独立地行为，其间没有协同或者统一的规划时，则不能要求其共同（jointly）对某一损失承担责任。"[③] 但后来，美国法律逐渐扩大了连带责任的适用范围。普通法下，只要行为人的侵权行为构成损害的法律上的原因，并且损害是不可分割的，则任何行为人都需承担连带责任。[④] 到现在，所谓的共同侵权，其实已经不限于是协同一致行为的情况，而成为了一个以连带责任为出发点的概念。

另外，美国的侵权法体系是基于判例法发展起来的。但在美国，另外一个法律渊源即成文法，由国会或州议会，或者行政机关根据宪法确定的权限制定。在美国，判例法（包括由此产生的侵权法体系）与成文法的关系比较复杂，但从总的原则来说，由国会或州议会制定的成文法，其效

---

① Id. , §876, comment a, "Parties are acting in concert when they act in accordance with an agreement to cooperate in a particular line of conduct or to accomplish a particular result. The agreement need not be expressed in words and may be implied and understood to exist from the conduct itself. "

② Id. , §876, "The Institute takes no position on whether the rules stated in this Section are applicable when the conduct of either the actor or the other is free from intent to do harm or negligence but involves strict liability for the resulting harm. "

③ Sun Oil Co. v. Robicheaux, 23 S. W. 2d 713 (1930), 715, "The rule is well established in this State, and supported by almost universal authority, that an action at law for damages for tort cannot be maintained against several defendants jointly, when each acted independently of the others and there was no concert or unity of design between them. "

④ Restatement (second) of Torts, §879, "If the tortious conduct of each of two or more persons is a legal cause of harm that cannot be apportioned, each is subject to liability for the entire harm, irrespective of whether their conduct is concurring or consecutive. "

力高于判例法。国会或者州议会可以制定法律，来推翻法院通过判例所确定的法律规则。除非法院通过司法审查来裁定成文法因违反宪法而无效，否则当成文法的规定明确推翻判例时，成文法原则上优先于判例中所确定的规则。

第二节 美国专利法的侵权体系架构

美国专利法第 271 条对专利侵权进行了规定。其中第 271（a）规定了所谓的直接侵权（direct infringement）行为，即"除本法另有规定外，任何人在专利保护期内，未经授权而在美国制造、使用、许诺销售或者销售，或者向美国进口任何受专利保护的发明创造，构成专利侵权"。①

第 271（b）和（c）分别规定了两种不同的情况。其中 271（b）规定了诱导侵权（inducement of infringement），即"任何积极诱发专利侵权行为的人应承担侵权责任"。②

271（c）规定了帮助侵权（contributory infringement），即"任何人，在美国境内许诺销售或销售，或向美国进口，受专利保护的机器、产品、化合物或合成物的一部分，或者用于执行受专利保护的方法的某种材料或装置，且该等部分、材料或装置构成了发明创造的实质性部分，并知道上述部分、材料或装置被特别制备或修改以用于侵犯该专利权，并且该等部分、材料或装置并非通用物品或者不属于在商业上有非侵权的实质性用途的商品，则该人应承担帮助侵权责任"。③

---

① 35 U. S. C. § 271（a），"Except as otherwise provided in this title, whoever without authority makes, uses, offers to sell, or sells any patented invention, within the United States or imports into the United States any patented invention during the term of the patent therefor, infringes the patent."

② Id., § 271（b），"Whoever actively induces infringement of a patent shall be liable as an infringer."

③ Id., § 271（c），"Whoever offers to sell or sells within the United States or imports into the United States a component of a patented machine, manufacture, combination or composition, or a material or apparatus for use in practicing a patented process, constituting a material part of the invention, knowing the same to be especially made or especially adapted for use in an infringement of such patent, and not a staple article or commodity of commerce suitable for substantial non-infringing use, shall be liable as a contributory infringer."

上述架构是 1952 年美国修订专利法之后产生的。在此之前，美国专利成文法（即"促进实用技术发展并废止迄今为止以此目的的其他有关规定的法律"，或称为 1836 年专利法①）并没有就专利侵权问题进行详细规定，仅笼统提到了专利法授予的是制造、使用和提供给他人使用发明创造的排他性权利②以及专利权人可以就他人制造、使用、销售受专利保护的物品（thing）的行为主张损害赔偿金（damages）③ 或主张衡平法上的救济（例如颁发禁令等）。④

在 1952 年修订专利法之前，美国没有成文法规定什么情形下构成专利侵权，侵权认定是通过法院判例发展起来的。当时法院认定的专利侵权行为大概分为两种：直接侵权（direct infringement）和帮助侵权（contributory infringement）。前者是指未经授权的制造、使用和销售专利发明的行为；后者是指任何虽然未直接从事上述行为，但仍有足够予以归责的行为的情况。⑤ 需要特别注意的是，在此时，积极诱导行为是被纳入直接侵权的范畴之内的；而帮助侵权主要是指提供部件的行为。⑥

1952 年修订专利法之时，把积极诱导行为单独列出，成为 271（b），与 271（c）的帮助侵权并列，并与 271（a）的直接侵权行为并列。对于 271（b）和 271（c），美国有法院和学者将其合称为"帮助侵权"（contributory infringement），例如 Chisum 就在其著作中将这两条同时放在

---

① Patent Act of 1836, Ch. 357, 5 Stat. 117（July 4, 1836）—An Act to promote the progress of useful arts, and to repeal all acts and parts of acts heretofore made for that purpose.

② Id., Sec. 5, "Every such patent shall contain a short description or title of the invention or discovery, correctly indicating its nature and design, and in its terms grant to the applicant or applicants…for a term not exceeding fourteen years, the full and exclusive right and liberty of making, using, and vending to others to be used, the said invention or discovery…"

③ Id., Sec. 14, "*And be it further enacted*, That whenever, in any action for damages for making, using, or selling the thing whereof the exclusive right is secured by any patent heretofore granted, or by any patent which may hereafter be granted, a verdict shall be rendered for the plaintiff in such action, …"

④ Id., Sec. 17, "*And be it further enacted*, That all actions, suits, controversies, and cases arising under any law of the United States, granting or confirming to inventors the exclusive right to their inventions or discoveries, shall be originally cognizable, as well in equity as at law, by the circuit courts of the United States, or any district court having the powers and jurisdiction of a circuit court; which courts shall have power… to grant injunctions, according to the course and principles of courts of equity…"

⑤ Hewlett-Packard v. Bausch & Lomb, 909 F. 2d 1464（1990）, 1468 – 1469.

⑥ Cybiotronics v. Golden Source Elecs., 130 F. Supp. 2d 1152（2001）, 1164, note 24.

"帮助侵权"条目下予以阐述。① 联邦巡回上诉法院曾在 Hewlett-Packard v. Bausch & Lomb 案中谈到，1952 年的专利法将帮助侵权这一传统概念拆分成积极诱导和帮助侵权。②

但很显然，这种术语的使用容易让人产生混淆。因此当代越来越多的学者开始使用另一词语来统称 271（b）和 271（c）规定的侵权行为，即间接侵权（indirect infringement），这一术语与 271（a）的直接侵权相对应，并且避免了帮助侵权这一概念既可能用以指称 271（b）和 271（c）全部，又可能用以仅指 271（c）而引起的混淆。例如，美国专利法权威学者 Moy 就在其著作中使用"间接侵权"词条来统辖其对 271（b）和 271（c）阐释的章节。③

间接侵权这一术语虽然没有出现在美国专利成文法上，但事实上，很早以来即被法院所采用。根据笔者的考察，美国联邦最高法院在其判例中使用该术语最早可以追溯到 1907 年的 Cortelyou v. Charles Eneu Johnson & Co. 案。该案涉及的是一项油印机（stencil duplicating machine）专利。专利权人在其出售的油印机的基板（baseboard）上印有一个许可协议，要求购买者在使用该机器时，必须同时使用从专利权人处购买的油墨。而被告也生产油墨，并且销售给了这些机器的购买者。联邦最高法院提到原告没有主张被告直接制造或销售了受专利保护的油印机，而是从事了间接侵权（indirect infringement），即在诱导购买者超出许可协议范围使用专利产品，因而被告是"间接地"（indirectly）从事了侵权行为。④

美国联邦巡回上诉法院在 1990 年的 Pac-Tec v. Amerace 案中，第一次正式在判决意见中提到这一概念。⑤ 到今天，这一概念已经在其判决书中被大量使用，较有名的一些判例包括 Liqwd v. L'Oréal USA,⑥ Travel Sentry

① Donald S. Chisum, *Chisum on Patents*, Matthew Bender & Company, Inc. , 2017, §16.
② Hewlett-Packard v. Bausch & Lomb, 909 F. 2d 1464（1990），1469.
③ R. Carl Moy, *Moy's Walker on Patents*, 4th ed. , Thomson Reuters, 2015, §15.
④ Cortelyou v. Charles Eneu Johnson & Co. , 207 U. S. 196（1907），198.
⑤ Pac-Tec v. Amerace, 903 F. 2d 796（1990），802, "The district court, however, had ample evidence before it of direct and indirect infringement. "
⑥ Liqwd v. L'Oréal USA, 2018 U. S. App. LEXIS 1078（2018），10, "The denial of the preliminary injunction is vacated as to indirect infringement as well".

v. Tropp,[1] Cisco Sys. v. ITC,[2] Akamai Tech. v. Limelight Networks[3] 等。

由此可见，间接侵权这一术语虽然没有出现在美国专利成文法上，但已经成为美国司法实践上的一个重要概念。而由于美国属于判例法国家，美国联邦最高法院、联邦巡回上诉法院的判例对下级法院具有约束力，因此可以认为该概念已经进入了美国的专利法规范性体系当中。

第三节　直接侵权与间接侵权的关系

一、直接侵权与间接侵权的关系的一般原则

帮助侵权与直接侵权的关系。271（c）规定的帮助侵权与271（a）规定的直接侵权的关系，美国联邦最高法院在1961的 Aro Mfg. Co. v. Convertible Top Replacement Co. （Aro I）判决中即予以明确。[4] 该案涉及的是一项汽车自动挡雨棚专利，权利要求书记载的特征包括织物、支撑结构以及一个能够使织物自动闭锁的装置。专利权人向车主出售该产品。其中的织物属于易耗品，需要进行更换。这种更换需求使得生产替换织物成为一个产业，而被告就是其中最大的供货商。

该案最主要的争议是车主更换已损耗的织物的行为是否构成侵权以及被告提供新织物的行为是否构成帮助侵权。美国联邦最高法院在其判决中明确，虽然被告知道车主购买其织物的目的就是要用来替换原告产品上损耗的织物，但只有在车主的行为根据271（a）构成直接侵权的情形下，被告的行为才可能构成帮助侵权。

---

[1] Travel Sentry v. Tropp, 877 F. 3d 1370, 1375（2017），"The district court then disposed of Tropp's indirect infringement claim, reasoning that…"

[2] Cisco Sys. v. ITC, 873 F. 3d 1354, 1360（2017），"The Commission also addressed indirect infringement of the '537 patent."

[3] Akamai Techs., Inc. v. Limelight Networks, Inc., 786 F. 3d 899（2015），904，"However, indirect infringement requires, as a predicate, a finding that some party is directly liable for the entire act of direct infringement."

[4] Aro Mfg. Co. v. Convertible Top Replacement Co., 365 U. S. 336（1961）.

三年后，最高法院在另一个 Aro Mfg. Co. v. Convertible Top Replacement Co. 案中（Aro II）从相反的角度重申了上述原则。[①] 在该案中，福特自 1952 年开始，即在其销售的汽车上搭载了涉案专利产品。1955 年 7 月 21 日，福特与专利权人签署许可协议，从专利权人处获得授权。联邦最高法院认定福特在此之前的行为并未得到授权，从而其向消费者出售的产品属于侵权产品。消费者更换织物的行为虽然属于修理，但因不受首次销售规则（First Sale Doctrine）的保护而仍构成直接侵权（属于使用行为），这使得被告在此之前销售织物的行为亦构成间接侵权；而 1955 年之后，由于福特获得了专利许可，因此，消费者也基于首次销售规则而获得了使用（包括维修）的权利，更换织物的行为不再构成直接侵权，故而被告的销售行为亦不构成间接侵权。

　　"如果没有直接侵权，则没有帮助侵权"这一规则在 1952 年专利法之前，即被美国各联邦法院所认可。[②] 1952 年专利法并未对此做出实质性的改变，因为 271（c）规定的是提供"用于侵犯该专利权"的"部分、材料或装置"的行为，而 271（a）并未对之前的判例法关于直接侵权的认定标准做任何修改。[③]

　　诱导侵权与直接侵权的关系。虽然美国联邦最高法院早期并没有关于 271（b）"诱导侵权"与 271（a）"直接侵权"的关系的直接判例，但一直以来两者的关系被认为同 271（c）下的帮助侵权与 271（a）下的直接侵权关系是一样的，即诱导侵权的成立必须以存在直接侵权为前提，因为论证帮助侵权与直接侵权关系的理由，同样适用于论证诱导侵权与直接侵权。271（b）规定的是"积极诱发专利侵权"的行为，而其中的专利侵权则需要基于 271（a）来理解。可能正因为如此，法院在讨论诱导侵权与直接侵权两者关系时，往往也是引用 1961 年的 Argo I 案，[④] 虽然该案实际上是在讨论帮助侵权与直接侵权的关系。另外，虽然早期没有直接的判例，但联邦最高法院在 Deepsouth Packing Co. v. Laitram Corp. 一案中亦对

① Aro Mfg. Co. v. Convertible Top Replacement Co., 377 U. S. 476（1964）.

② Mercoid Corp. v. Mid-Continent Inv. Co., 320 U. S. 661（1944），677, "…not once has this Court found it relevant to reject… another doctrine of the law, that of contributory infringement…In a word, if there is no infringement of a patent there can be no contributory infringer."

③ Aro Mfg. Co. v. Convertible Top Replacement Co., 365 U. S. 336（1961），340 − 342.

④ 例如 Akamai Techs., Inc. v. Limelight Networks, Inc., 692 F. 3d 1301（2012），1308.

此表达过明确的观点，即如果被告的行为导致直接侵权，则其在本案中的生产和销售行为将因其构成诱导侵权或帮助侵权而被禁止。[①] 在最近一个相关判决中，联邦最高法院也明确表示过，虽然 Argo I 案是有关 271（c）"帮助侵权"的先例，但法院并不觉得在此有区分 271（c）和 271（b）的必要。[②]

直接侵权与间接侵权之间的上述关系，可能导致在涉及方法专利侵权案件时，法院无法找到方法专利的直接侵权者，因而也不存在间接侵权，从而使得整个方法专利无法保护。这种情况导致美国联邦巡回上诉法院曾在 2012 年通过对 Akamai Technologies, Inc. v. Limelight Networks 案的判决，[③] 试图模糊两者之间的这种"间接侵权必须以直接侵权成立为前提"的关系。不过，联邦巡回上诉法院的这一尝试很快即被美国联邦最高法院否定了。

联邦巡回上诉法院以全体出席（en banc）的方式做出这一判决。不过法官的意见却相当分裂，在 11 名法官中，最终形成的多数意见（majority opinion）获得 6 名法官的支持，可见法官之间在这一问题上的巨大分歧。

这一判决其实是为了解决两起涉及方法专利的案件，即 Akamai Technologies, Inc. v. Limelight Networks 案和 McKesson Techs. Inc. v. Epic Sys. Corp. 案。这两起案件在联邦地方法院判决后，上诉到联邦巡回上诉法院。巡回上述法院的合议庭（panel）基于法院的先例，认为这两起案件中并无直接侵权行为，因而被告亦不构成诱导侵权。[④] 之后 Akamai 案中的原告申请联邦巡回上诉法院以全体出席（en banc）的方式重新考虑案件涉及的法律问题。

[①] Deepsouth Packing Co. v. Laitram Corp., 406 U. S. 518（1972），526，"Certainly if Deepsouth's conduct were intended to lead to use of patented deveiners inside the United States its production and sales activity would be subject to injunction as an induced or contributory infringement."

[②] Limelight Networks, Inc. v. Akamai Techs., Inc., 134 S. Ct. 2111（2014），2117, note3，"Aro addressed contributory infringement under § 271（c），rather than inducement of infringement under § 271（b），but we see no basis to distinguish for these purposes between the two, which after all spring from common stock."

[③] Akamai Technologies, Inc. v. Limelight Networks, 692 F. 3d 1301（2012）.

[④] 即 Akamai Technologies, Inc. v. Limelight Networks, 629 F. 3d 1311（2010）以及 McKesson Techs. Inc. v. Epic Sys. Corp., 98 U. S. P. Q. 2D（BNA）1281（2011）.

Akamai 案涉及一项分发网页内容的方法专利。该专利其中一个步骤是，将内容提供商的网页中的内容信息存储在一系列的内容服务器上，并且修改内容提供商的网页，以使得用户能从这些内容服务器上调取内容信息。而 Limelight 的业务中，Limelight 并不自己修改内容服务商的网页，而是告诉其用户应该如何修改。除此之外，Limelight 实施了该专利的所有步骤。

Mckesson 案涉及的是一项在医生和病人之间进行电子通信的方法。Epic 是一家软件供应商，其向医院出售的软件中包括了一款叫"MyChart"的应用，该应用使医生能够与病人进行电子通信。该方法专利的步骤分别由医生和病人来执行。Mckesson 认为 Epic 从事了诱导客户侵犯其专利的行为。

在这两起案件中，联邦地区法院和联邦巡回上诉法院的合议庭都首先基于单一主体原则（single entity rule）① 认定并不存在直接侵权行为，即没有人构成了 271（a）意义上的侵权行为。联邦巡回上诉法院在全体出席判决中的多数意见也首先对此予以了认可。

多数意见认为，对于一项方法专利，要认定 271（b）意义上的诱导侵权，只需要证明方法专利的所有步骤被实施就可以了，无须证明这些步骤是由一个单一主体来实施的。② 也就是说，由于多数意见认可 271（a）的直接侵权适用单一主体原则，而又认为构成 271（b）的诱导侵权无须单一主体实施专利方法的全部步骤，所以这个多数意见实际上是认为 271（b）下诱导侵权的成立并不以 271（a）下的直接侵权成立为前提。

但这一结论明显违反了美国最高法院之前的判决。正如我们之前所述，最高法院在其先例中很清楚地表示过间接侵权与直接侵权之间的关系，即间接侵权需以直接侵权的存在为前提。多数意见也考虑到联邦最高法院的这一意见。为了与联邦最高法院的这一意见相协调，多数意见认为

---

① 单一主体原则，是指执行权利要求所有特征的是一个主体，或者在有多个主体共同参与的情况下，其他主体的行为可被归咎于某一主体。笔者将在下文讨论 271（a）直接侵权时专门予以论述。

② Akamai Technologies, Inc. v. Limelight Networks, 692 F. 3d 1301 (2012), 1306, "To be clear, we hold that all the steps of a claimed method must be performed in order to find induced infringement, but that it is not necessary to prove that all the steps were committed by a single entity."

271（b）中的"侵权"一词，与271（a）中的"侵权"一词应适用不同的原则。对于271（a），必须要由一个单一主体来执行才能构成侵权，而对于271（b）中的侵权却并不如此。因此，如果有人积极诱导了271（b）中的侵权，则这种侵权不必是单一主体来执行的。①

在多数意见的逻辑下，实际上存在着两种直接侵权形式。一种是271（a）下的直接侵权，适用单一主体原则；另一种是271（b）下的直接侵权，这种直接侵权的构成仅仅需要方法权利要求中的所有步骤被执行了即可构成，无须受单一主体原则的限制。但是由于271（b）是针对直接侵权的诱导者的行为进行的规定，而271（a）的适用又必须受单一主体原则的限制，这就导致了271（b）下的所谓直接侵权的侵权人，并不用承担任何责任。②按照多数意见的解释，某些情形下可能存在直接侵权行为，但却无法对直接侵权行为人追究责任，即有直接侵权行为，但并没有直接侵权人。

但正如反对意见的法官所指出的，多数意见其实是认为只要方法权利要求中所有的步骤均被执行了，无论是否是单一主体执行，或两个以上的主体独立地执行，就算构成直接侵权。很显然，后者并没有法律上的依据。由于专利侵权的法定性，③ 并非只要权利要求的所有特征都被实施，就一定会构成侵权。

联邦巡回上诉法院的这一全体出席判决，很快就被最高法院推翻了。最高法院2014年对此案发出调卷令（writ of certiorari），④ 以对如下问题进行审查："联邦巡回上诉法院认为没有人根据271（a）被判定侵权的情

---

① Id.，"While the direct infringement statute, section 271（a）, states that a person who performs the acts specified in the, statute 'infringes the patent', section 271（b）is structured differently… Nothing in the text indicates that the term 'infringement' in section 271（b）is limited to 'infringement' by a single entity."

② Id.，1314，"But nothing in the text of either subsection suggests that the act of 'infringement' required for inducement under section 271（b）must qualify as an act that would make a person liable as an infringer under section 271（a）."

③ Id.，1341，"Under the majority's approach, if two or more parties independently practice the elements of a claim, an act of 'infringement' … has occurred…The problem… is that there is no statutory basis for concluding that such independent acts constitute infringement and no basis for asserting a cause of action for infringement against any of those independent parties."

④ Limelight Networks, Inc. v. Akamai Techs., Inc., 134 S. Ct. 895 (2014).

形下仍然可能有人构成 271（b）下的诱导侵权，这是否正确？"①

对这一问题，联邦最高法院给予了清晰的答复，271（b）的诱导行为所诱导的侵权（infringement），就是 271（a）中所说的侵权。② 也就是说，联邦最高法院明确，在美国专利法中，只有一种直接侵权——就是 271（a）下所定义的。并不是像联邦巡回上诉法院所认为的存在两种直接侵权——271（a）意义上的直接侵权和 271（b）意义上的直接侵权。联邦巡回上诉法院试图区分直接侵权行为与直接侵权责任的承担者，并认为虽然有侵权行为，即使没有侵权责任承担者，诱导侵权行为的人也需要承担责任。但最高法院明确 271（b）的核心不在于"有没有人承担直接侵权责任"，而在于到底"有没有直接侵权行为"。

联邦巡回上诉法院的逻辑其实是，虽然在案件事实中没有单一主体执行涉案专利的全部步骤，但这些步骤毕竟被全部执行了；如果这些步骤被单一主体执行了，则将构成 271（a）下的直接侵权。这种"如果换一种情形，则构成 271（a）下的侵权"的假设，构成了其认定直接侵权行为存在的原因。但这样的逻辑在 Deepsouth Packing Co. v. Laitram Corp. 中即被联邦最高法院否定过。

该案中涉及的是一项剥离虾线的机器的产品专利。被告将其产品制造成三个部分，并将其出口到美国境外，之后由境外的进口商在美国境外组装成完全符合专利权利要求的产品，并在境外进行销售。完成组装只需要不到一个小时的时间。虽然 271（a）明确规定直接侵权行为需要发生在美国境内，联邦第五巡回上诉法院仍然认为被告的行为构成侵权。

联邦最高法院否决了第五巡回上诉法院的意见。它承认，如果被告的

① Limelight Networks, Inc. v. Akamai Techs., Inc., 134 S. Ct. 2111 (2014), 2120, "We granted certiorari on the following question: 'Whether the Federal Circuit erred in holding that a defendant may be held liable for inducing patent infringement under 35 U. S. C. § 271 (b) even though no one has committed direct infringement under § 271 (a).'"

② 需要说明的是，除了 271（a）之外，现行的美国专利法也在 271（g）条款中对"向美国进口或在美国境内许诺销售、销售或使用由专利方法制备的产品"的行为也认为构成直接侵权。对这一行为，美国法院一直以来不认为属于侵权行为（见 Keplinger v. De Young, 23 U. S. 358 (1825)），直到 1988 年才由国会通过《方法专利修订案》（Process Patent Amendments Act of 1988）在 271 条增加了（g）这一项认定为侵权。在本书中，笔者不对 271（g）和 271（a）作单独区分。

行为导致最终的机器在美国组装和销售，则被告将构成诱导或间接侵权。① 但由于组装行为是发生在美国境外，而根据 271（a）并不构成直接侵权，因此在没有直接侵权的情形下，并不发生帮助侵权——换句话说，虽然"如果换一种情形，则构成 271（a）下的侵权"，但毕竟没有构成 271（a）下的侵权，因此以这一逻辑来认定间接侵权的成立是错误的，而这正是 Akamai Technologies, Inc. v. Limelight Networks 全体出席判决中多数法官所秉承的逻辑。

综上所述，虽然联邦巡回上诉法院曾试图模糊诱导侵权与直接侵权的关系，但联邦最高法院的态度自始至终都没有改变过，即诱导侵权和帮助侵权都必须以直接侵权存在为前提。而在美国的专利法下，直接侵权是由 271（a）来界定的。

间接侵权（包括帮助侵权与诱导侵权）与直接侵权之间的这种关系源自普通法。在普通法下，无论是对第三方提供实质性帮助还是诱导第三方，都是以第三方从事了侵权行为（tortious conduct）为前提。如美国侵权法（第二次）重述第 876（b）规定，"因一方的侵权行为给第三方造成损害的，如果另一方知道该方的行为违反其义务并且给予实质性帮助或者鼓励其实施的，则该另一方应承担责任"。② 第 877（a）规定，"因一方的侵权行为给第三方造成损害的，如果另一方知道或应知该行为由他自己在同样情况下做出时将构成侵权，但仍命令或者诱导该一方从事该行为的，则该另一方应承担责任"③。这两个条款在美国侵权法（第一次）重述中的表述也大同小异。④

从上述普通法的原则可以看出，存在侵权行为（tortious conduct）是

① Deepsouth Packing Co. v. Laitram Corp., 406 U.S. 518（1972），526，"Certainly if Deepsouth's conduct were intended to lead to use of patented deveiners inside the United States its production and sales activity would be subject to injunction as an induced or contributory infringement. But it is established that there can be no contributory infringement without the fact or intention of a direct infringement."

② Restatement（second）of Torts，§876，"For harm resulting to a third person from the tortious conduct of another, one is subject to liability if he … （b）knows that the other's conduct constitutes a breach of duty and gives substantial assistance or encouragement to the other so to conduct himself."

③ Id., §877，"For harm resulting to a third person from the tortious conduct of another, one is subject to liability if he（a）orders or induces the conduct, if he knows or should know of circumstances that would make the conduct tortious if it were his own."

④ 参见 Restatement（First）of Torts，§876（a）（b）. 在 1939 年第一次侵权法重述时，提供帮助和进行诱导的行为都规定在 §876，但在内容上与第二次重述相比并没有实质性变化。

前提。而侵权是指会"使行为人的行为根据侵权法要承担责任的属性"[1]。可以看到,在普通法上并不存在与责任属性无关的侵权行为,即不存在有侵权行为但行为人不必承担侵权行为的情形。需说明的是,这只是就一般情况而论并不排除行为人可能会因存在抗辩事由而最终不承担侵权责任,而联邦巡回上诉法院在 Akaimai 案全体出席判决的多数意见中,其实是试图定义一种"一般意义上没有侵权责任承担者但却仍然存在侵权行为"的情形,这本身就和普通法是相悖的。

另外,侵权行为又是和损害(harm)联系在一起的,即"因任何原因而引起的对某人的损失或不利的事实的存在"。[2] 普通法中的帮助侵权 [即侵权法(第二次)重述 44 章规定的 contributing tortfeasors] 也均要求损害的存在。[3] 损害意味着利益被侵害或减损。而对于一种法定权利而言,利益需要由法律来规定。如果一种利益没有被法律所认可,即使其受到损害,也不是侵权法意义上的损害。[4] 也正因此,最高法院驳斥了 Akamai 案中联邦巡回上诉法院多数意见的观点:多数意见在其判决中所引用的普通法案件,都有一个原告被保护的利益被侵害;相反,根据联邦巡回上诉法院对 271(a)的解释,专利权人的利益并没有被侵害。[5]

---

[1] Restatement(second)of Torts, §6, "The word 'tortious' is used throughout the Restatement of this Subject to denote the fact that conduct whether of act or omission is of such a character as to subject the actor to liability under the principles of the law of Torts."

[2] Id., §7(2), "(2) The word 'harm' is used throughout the Restatement of this Subject to denote the existence of loss or detriment in fact of any kind to a person resulting from any cause."

[3] Id., §875, "Each of two or more persons whose tortious conduct is a legal cause of a single and indivisible harm to the injured party is subject to liability to the injured party for the entire harm."

[4] 美国学者 Nathanial Grow 认为在没有 271(b)和 271(c)的限制的情况下,完全可以适用普通法原理来处理所谓"分别侵权"(divided infringement)的问题——主要是指不同主体分别实施方法权利要求某些步骤的情形——其实是在何为法律保护的"利益"的问题上混淆了。他事先假设"只要权利要求的所有步骤被完全实施,就算权利人利益受到损害"。但很显然,这种假设并没有依据。对这一假设成立与否的讨论,只能放在 271(a)下来完成而与 271(b)和 271(c)无关。参见 Nathanial Grow, "Resolving the Divided Patent Infringement Dilemma", *University of Michigan Journal of Law Reform*, Volume 50, Issue 1。

[5] Limelight Networks, Inc. v. Akamai Techs., Inc., 134 S. Ct. 2111(2014), 2119, "But the rationale for imposing liability in these circumstances is that the defendants collectively invaded the plaintiff's protected interests. By contrast, under the Muniauction rule, respondents' interests in the '713 patent have not been invaded."

二、直接侵权与间接侵权的关系一般原则的例外

没有直接侵权则没有间接侵权是一个一般的原则。但在美国，对上述原则仍存在着两个例外，分别是由制定法和普通法原则而导致的。

（一）因 271（f）而导致的例外

我们上文已经提到过，美国联邦最高法院在 1972 年 Deepsouth Packing Co. v. Laitram Corp. 中认定，由于完全被涉案专利所覆盖的最终产品（虾线剥离机）并非在美国境内组装完成，因此根据 271（a），在境外的制造行为并不构成直接侵权。这样，虽然被告是在美国境内制造和出口虾线剥离机的组件，也不构成间接侵权。

这一判例导致了美国国会在 1984 年通过立法的方式对专利法进行了修改。[①] 在第 271 条增加了（f）条款。其中 271（f）（1）规定："任何人，未经允许在美国境内对外提供专利发明的所有或实质性的未经完全组装或只组装了一部分的组件，或使他人从美国境内提供该等组件的，如果其积极地诱导该等组件在美国境外组装行为且如果该等组装行为如果发生在美国境内就构成侵权，则应承担侵权责任。"[②] 271（f）（2）规定："任何人，未经允许在美国境内对外提供未完全组装或只组装了一部分的组件，且该等组件是特别制备或修改以使用于专利发明的而非通用物品或者在商业上有非侵权的实质性用途的商品，或使他人从美国境内提供该等组件的，如果其知道该等组件是特别制备或修改以使用于专利发明且将在美国境外组装且当该等组装行为如果发生在美国境内就构成侵权，则应承担侵权责任。"[③]

---

① Patent Law Amendments Act of 1984. , 98 Stat. 3383, Sec. 101.

② 35 U. S. C. § 271（f）（1），"Whoever without authority supplies or causes to be supplied in or from the United States all or a substantial portion of the components of a patented invention, where such components are uncombined in whole or in part, in such manner as to actively induce the combination of such components outside of the United States in a manner that would infringe the patent if such combination occurred within the United States, shall be liable as an infringer."

③ Id. , § 271（f）（2），"Whoever without authority supplies or causes to be supplied in or from the United States any component of a patented invention that is especially made or especially adapted for use in the invention and not a staple article or commodity of commerce suitable for substantial non-infringing use, where such component is uncombined in whole or in part, knowing that such component is so made or adapted and intending that such component will be combined outside of the United States in a manner that would infringe the patent if such combination occurred within the United States, shall be liable as an infringer."

可见，上述 271（f）（1）和（2）分别是对 271（b）的诱导侵权行为和 271（c）的帮助侵权行为的例外规定。在 271（f）规定下，即使没有根据 271（a）的侵权行为，但仍然可能构成诱导侵权和帮助侵权。但这一例外仅仅适用在 271（a）的"地域限制"，即"美国境内"这一方面。

事实上 271（f）的存在也从另一个角度否定了巡回上诉法院多数意见在 Akamai 案中试图扩张 271（b）的适用范围的论证，即既然国会可以通过立法的方式将 271（a）中的"地域限制"排除在外，那么显然国会也可以通过同样的方式将其他的限制排除。这样一来，对于国会没有通过立法排除的情况，自然就仍然需要坚持根据 271（a）来界定直接侵权了。正如联邦最高法院所说，当国会想要对那些诱导他人从事非直接侵权行为的人施加责任的时候，国会完全知道应该怎么做，不需要法院在那儿指手画脚。[1]

（二）因普通法原则的变更而导致的例外

在前述 Aro II 案中，[2] 福特自 1952 年开始，在其销售的汽车上搭载涉案专利产品。1955 年 7 月 21 日，福特与专利权人签署许可协议，从专利权人处获得授权。在该协议中其实对福特及其客户在之前（即 1952 年至 1955 年）的侵权行为（即福特的制造和销售行为以及用户的使用行为）予以了豁免。也就是说，在这段时间，福特客户的使用是被追认授权的，不再存在 271（a）意义上的直接侵权行为。

但法院仍然判定被告在此期间向福特的客户提供织物的行为构成间接侵权。这是因为在专利权人对福特客户予以豁免之前，客户、被告的行为已经构成共同侵权，其中客户属于直接侵权，被告属于帮助侵权。根据现在的普通法，被侵权人豁免共同侵权人（joint tortfeasor）中的一方，并不能自动使其他方得到豁免。1965 年编撰完成的美国侵权法（第二次）重述第 855（1）规定："被侵权人就其损害而做出的对某一侵权人免除责任的有效的豁免（release），并不免除其他侵权人的责任，除非当事人之间

---

[1] Limelight Networks, Inc. v. Akamai Techs., Inc., 134 S. Ct. 2111 (2014), 2118, "As this provision illustrates, when Congress wishes to impose liability for inducing activity that does not itself constitute direct infringement, it knows precisely how to do so."

[2] Aro Mfg. Co. v. Convertible Top Replacement Co., 377 U.S. 476 (1964).

另有约定。"①第 855（2）规定："对某一侵权人做出不起诉或继续追究其责任的承诺（covenant），并不免除其他共同侵权人的责任。"②

但在 1939 年美国侵权法（第一次）重述中，855（1）的规定与第二次重述有根本的不同，在第一次重述中规定："被侵权人就其损害而做出的对某一侵权人免除责任的有效的豁免（release），也免除其他侵权人的责任，除非当事人之间约定该豁免不免除其他侵权人的责任，且如果豁免是被记录在一个文件当中的，该约定也需要出现在同一份文件中。"③

可以看到，在第二次重述中，被侵权人对某一侵权人的豁免，默认"不会"及于其他侵权人；而在第一次重述中，被侵权人对某一侵权人的豁免，默认"会"及于其他侵权人。其实第一次重述已经赋予了当事人一些选择的权利，被侵权人如果不愿意及于其他侵权人，他可以选择另行签署一份协议。在更早期的普通法中，被侵权人连这样的选择都没有，他一旦做出对某一侵权人的豁免，豁免自然及于其他共同侵权人。④

普通法上的这一变化是源自合同的去形式化趋势。在早期，普通法区分"豁免"（release）和"承诺"（covenant），前者必须以盖印蜡封的方式签署，因而不需要对价（consideration）即可以生效，法院会将其解释为被侵权人不再对自己的损害予以追究。而后者属于依对价而生效的合同，在当事人的合同中没有意思表达一方支付的对价是免除所有责任人的责任的情况下，法院不会将这一对价解释为为了换取被侵权人对"所有"侵害者不再起诉的承诺。

但是随着合同去形式化的发展，在当代合同法中，豁免（release）也基本被视为一个需要对价才能具有可执行性（enforceable）的合同。所以现在豁免和承诺的区别已经变得不再有意义。普通侵权法中，法院更多注

---

① Restatement（second）of Torts，§855（1），"A valid release of one tortfeasor from liability for a harm, given by the injured person, does not discharge others liable for the same harm, unless it is agreed that it will discharge them."

② Id.，§855（2），"A valid release of one tortfeasor from liability for a harm, given by the injured person, does not discharge others liable for the same harm, unless it is agreed that it will discharge them."

③ Restatement（first）of Torts，§855（1），"A valid release of one tortfeasor from liability for a harm, given by the injured person, discharges all others liable for the same harm, unless the parties to the release agree that the release shall not discharge the others and, if the release is embodied in a document, unless such agreement appears in the document."

④ Id.，§855，comment b.

重的还是当事人意思的表达。对于一个已经发生的共同侵权行为，无论被侵权人是通过什么形式来免除一方的责任，除非他也明示地免除了其他侵权者的责任，否则其他侵权者仍应承担责任。

因此，在一个已经发生过的共同专利侵权案件中，即使权利人通过豁免或者承诺不起诉的方式免除了直接侵权人的责任，因此没有271（a）下的侵权人，但间接侵权人仍可能根据271（b）或271（c）承担责任。这构成了另一个"间接侵权以直接侵权存在为前提"这一一般原则的例外。

三、间接侵权规则中的主观状态

在1952年之前，美国法院基本上是依据"协同一致行为"（action in concert）这种侵权形态来判定并未完全实施权利要求的所有技术特征的被告是否构成侵权。如前述，普通法下，多主体协同一致的侵权分为三种类型：一种是"与他人协同一致或按照一个共同的计划执行侵权行为"；第二种是"明知他人的行为构成了对义务的违反，仍然对他给予实质性帮助或者鼓励而使其采取该等行为"；第三种是"对他人完成侵权结果提供实质性帮助，并且其自己的行为如果单独考虑，构成了对第三人义务的违反"。[①] 在1952年美国专利法修改之前，法院并未严格区分这三种（尤其是第一种和第二种）在适用到专利侵权案件中的区别。在美国历史上第一个涉及间接侵权的 Wallace v. Holmes 案中，[②] 法院即以第一种类型认定被告构成侵权。[③]

1952年的专利法271（b）和271（c）规定其实正好对应了上述第二种协同一致侵权形态，即"明知他人的行为构成了对义务的违反，仍然对他给予实质性帮助或者鼓励而使其采取该等行为"。271（b）规定"任何积极诱发专利侵权行为的人应承担侵权责任"，属于普通法上"鼓励而使其采取行为"的情形；而271（c）规定的"任何人，在美国境内许诺销售或销售，或向美国进口，受专利保护的机器、产品、化合物或合成物的一部分，或者用于执行受专利保护的方法的某种材料或装置，且该等部分、材料或

---

① Restatement（second）of Torts，§876.
② Wallace v. Holmes，29 F. Cas. 74（1871）.
③ 该案如果放在现在的美国专利法侵权框架下，即在专利法上不承认上述第一种类型的协同一致侵权，则将根据第二种类型来认定被告侵权。

装置构成了发明创造的实质性部分，并知道上述部分、材料或装置被特别制备或修改以用于侵犯该专利权，并且该等部分、材料或装置并非通用物品或者不属于在商业上有非侵权的实质性用途的商品，则该人应承担帮助侵权责任"，则属于普通侵权法上"对他人给予实质性帮助"的情形。

在美国，间接侵权［即271（b）和271（c）］规定的侵权和直接侵权［即271（a）］的一个重要的区别是，后者是一种严格责任，被诉侵权人的主观状态不影响其侵权与否的认定，而前者是一种一般侵权责任，需要以被诉侵权人的主观要件为前提。

主观要件，在271（b）中体现为"积极诱发"（actively inducing）这一用语所暗含，在271（c）中表示为"知道"。根据美国联邦最高法院在Global-Tech Appliances，Inc. v. SEB S. A. 中的观点，这两个条款对主观要件的要求虽然在表达上有所区别，但其实质基本是一致的，因为这两个条款有着共同的渊源。① 最高法院这里指的共同渊源，就是上述普通侵权法上的第二种协同一致侵权形态，即"明知他人的行为构成了对义务的违反，仍然对他给予实质性帮助或者鼓励而使其采取该等行为"。

也就是说，271（b）和271（c）均要求被诉侵权人"知道"这一主观状态。而"知道"的内容，根据联邦最高法院在Aro II中多数意见的判决，需要包括两方面：①知道专利的存在，并且②知道构成侵权，② 而非如少数法官所主张的"只需要知道该部件是专门为结合成一个组合物而设计的并且并非一个有其他实质性用途的通用产品"③ 就可以了。其主要理由是国会在1952年立法时，有意要排除将"知道"进行宽泛的解释。Aro II 中的这一立场在 Global-Tech Appliances，Inc. v. SEB S. A. 案以及更后来的 Commil USA，LLC v. Cisco Systems，Inc. 案中被不断确认。例如，

---

① Global-Tech Appliances, Inc. v. SEB S.A., 563 U.S. 754 (2011), 765, "As noted, the two provisions have a common origin in the pre – 1952 understanding of contributory infringement…"

② Aro Mfg. Co. v. Convertible Top Replacement Co., 377 U.S. 476 (1964), 488, "On this question a majority of the Court is of the view that § 271 (c) does require a showing that the alleged contributory infringer knew that the combination for which his component was especially designed was both patented and infringing."

③ Aro Mfg. Co. v. Convertible Top Replacement Co., 377 U.S. 476 (1964), 488, note 8. "They are of the view that the knowledge Congress meant to require was simply knowledge that the component was especially designed for use in a combination and was not a staple article suitable for substantial other use, and not knowledge that the combination was either patented or infringing."

在后一个案件中，联邦最高法院强调诱导侵权的责任只有在被告知道该专利，并且知道所诱导的行为构成了专利侵权时，才可能成立。①

知道专利的存在，当然是比较明确的。但什么是"知道构成专利侵权"，联邦最高法院并未给出过明确的判决。从其在 Commil USA, LLC v. Cisco Systems, Inc. 案表达的观点看，如果被告能证明其基于对权利要求"合理"地解读后认为不构成侵权，则即使最终法院对权利要求的解读支持了原告的解读，被告也不满足"知道构成专利侵权"这一要件。② 要注意的是，"合理"的标准仅仅适用于对权利要求书的解读来判断是否侵权。根据最高法院的观点，无效抗辩是针对"责任"的（a defense to liability），而非针对侵权与否的（defense to infringement）。如果被告认为不侵权是基于其合理地"相信权利要求是无效的"，则这不能证明被告"不知道构成专利侵权"。③

就"知道"的表现形式而言，如果被告"故意忽视"专利的存在，则法院会认为其"知道专利存在"也"知道构成侵权"。证明被告构成"故意忽视"，有两个构成要件：第一是被告主观上相信专利和构成侵权这些事实的存在可能性很高，第二是被告故意采取行动而避免知道这些事实的存在。④

第四节　美国对直接侵权的适用

从保护的对象来划分，权利要求可以分为装置权利要求和方法权利要

---

① Commil USA, LLC v. Cisco Sys., 135 S. Ct. 1920 (2015), 1926, "liability for induced infringement can only attach if the defendant knew of the patent and knew as well that "the induced acts constitute patent infringement."

② Id., 1928, "In other words, even if the defendant reads the patent's claims differently from the plaintiff, and that reading is reasonable, he would still be liable because he knew the acts might infringe."

③ Id., 1928, "That is because invalidity is not a defense to infringement, it is a defense to liability. And because of that fact, a belief as to invalidity cannot negate the scienter required for induced infringement."

④ Global-Tech Appliances, Inc. v. SEB S. A., 563 U. S. 754 (2011), 769, "While the Courts of Appeals articulate the doctrine of willful blindness in slightly different ways, all appear to agree on two basic requirements: (1) the defendant must subjectively believe that there is a high probability that a fact exists and (2) the defendant must take deliberate actions to avoid learning of that fact."

求。在侵权判定上，应适用全面覆盖原则，即权利要求的每一个技术特征，在被诉侵权行为所涉及的装置或方法上都能找到。[①]

对于装置权利要求，这意味着权利要求中的所有特征都要体现在涉案的产品上，而制造、许诺销售、销售、使用或进口这一产品的人即构成直接侵权。可以看到，由于涉及的是一个具体的、整体性的产品，因此许诺销售、销售、使用或进口这一产品的行为总能找到一个单一的主体来实施；而即使是在制造过程中，可能由多方来提供组件，但也总会有一个单一的主体来做最后使产品完成的一步，而他就正好使得形成的产品满足了装置权利要求的全部特征，因此构成直接侵权。[②]

但对于方法权利要求而言，问题就不那么简单了。根据全面覆盖原则，在方法权利要求的情况下，只有行为人完全实施了权利要求中记载的所有步骤才构成侵权。如果只有一个行为人完全实施了这些步骤，那么其当然构成侵权。但如果存在多个行为人，分别完成了权利要求中所记载的步骤，而其行为组合到一起使得方法权利要求中的特征被完全实施，在这种情况下，是否可以认定这些人构成共同侵权呢？这就是所谓的"分别侵权"（divided infringement）问题。

一、单一主体原则的出现及其范围

对这一问题，联邦巡回上诉法院一直到 2007 年才在 BMC Res., Inc. v. Paymentech, L. P. 案中正式给出回应。在此之前，其他联邦上诉法院或者联邦地区法院对这一问题的意见一般是认为并不能仅仅因为权利要求是由两个以上主体实施的，就认定为不存在直接侵权；但同时也认为，要认定直接侵权，多个主体之间要存在着某种"关联"（connections）。例如，Metal Film Co. v. Metlon Corp. 案中，纽约南区联邦地方法院认为"被告

---

① Donald S. Chisum, *Chisum on Patents*, Matthew Bender & Company, Inc., 2017, § 18.03 ［4］［a］, "Each element constitutes a limitation or narrowing of the scope of the claim. It follows that a claim will not cover or 'read on' any device or process unless that device or process contains all the elements of the claim (or an equivalent thereof within the meaning of the doctrine of equivalents)."

② Akamai Techs., Inc. v. Limelight Networks, Inc., 786 F. 3d 899 (2015), 910, "…whoever combines the last element of an apparatus necessarily, individually, 'makes' the invention. Thus, in the case of an apparatus claim, there is always a single entity directly infringing the patent."

让一个外部的供应商对真空器进行金属涂膜这一步骤并不影响其对整个方法的侵权"。① 在 Shields v. Halliburton Co. 一案中，路易斯安那西区联邦地方法院认为"对专利方法的侵权不能因为使另一个人执行了其中的一步而避免"。② 加利福尼亚北区联邦地方法院在 Faroudja Labs. , Inc. v. Dwin Elecs. , Inc. 中阐述道："当方法专利中的各步骤由不同主体分别实施时会构成直接侵权的判决之正当性来自于这些案件中行为主体之间存在着某种关联。"③

但不同实施主体之间到底需要有何种程度的关联，才能引起 271 (a) 下的直接侵权？这个问题一直不太清楚。不同地区法院之间的标准也并不统一。④ Faroudja Labs. , Inc. v. Dwin Elecs. , Inc. 案法官认为行为主体应该要"协同一致"（work in concert）。⑤ Applied Interact, LLC v. Vt. Teddy Bear Co. 案法官认为当专利权利要求中"本意就是要两个以上的主体来实施时"（where the patent contemplates action by at least two actors），尤其能证明这种关联的存在；⑥ 并且某一方给了另一方指令（instruction），也是一种关联。⑦

---

① Metal Film Co. v. Metlon Corp. , 316 F. Supp. 96 (1970), 110, note 12, "That defendants choose to have the vacuum metallizing… done by outside suppliers does not mitigate their infringement of the overall process. "

② Shields v. Halliburton Co. , 493 F. Supp. 1376 (1980), 1389, "Infringement of a patented process or method cannot be avoided by having another perform one step of the process or method. "

③ Faroudja Labs. , Inc. v. Dwin Elecs. , Inc. , 1999 U. S. Dist. LEXIS 22987 (1999), 15, "It is true that several district courts have found a party liable for direct infringement of a process patent even where the various steps included in the patent are performed by distinct entities. However, these cases indicate that some connection between the different entities justified that finding. "

④ BMC Res. , Inc. v. Paymentech, L. P. , 2006 U. S. Dist. LEXIS 37746 (2006), 10, "District courts vary, however, as to what kind of 'connection' between the entities they require a party to prove to show direct infringement. "

⑤ Faroudja Labs. , Inc. v. Dwin Elecs. , Inc. , 1999 U. S. Dist. LEXIS 22987 (1999), 17, "Monsanto, Shields, Free Standing Stuffer and Metal Film each demonstrate that the entities found to directly infringe patented processes worked in concert with other entities to complete the process of infringement. "

⑥ Applied Interact, LLC v. Vt. Teddy Bear Co. , 2005 U. S. Dist. LEXIS 19070 (2005), 15 – 16, "Cases appear to suggest the proposition that direct infringement may be sustained when a method claim is performed by connected entities and particularly where the patent contemplates action by at least two actors. "

⑦ Id. , 16 – 17, "Here too there is 'some connection' … If the customers accept VTB's invitations to print a coupon that entitles the 'customer' to a free tour of the VTB factory…, they must do so according to the instructions on VTB's web site. "

Hill v. Amazon.com，Inc. 案的法官认为不同主体间存在代理关系（agency）或者协同一致（work in concert）虽然是这种联系的一种，但认定联系的存在并不一定非要到这个程度，合同关系或者一方给了另一方完成剩下步骤的实际的指示，这些都可以认为存在着"关联"。①

BMC Res.，Inc. v. Paymentech，L. P. 案涉及的是一项通过信息网络进行转账交易的方法专利。该方法使得用户可以使用普通的电话键盘完成银行转账，无须输入密码。其中的步骤包括：提供一个交互式语音单元（IVR）使用户可以在电话上输入接入码、账户号、银行卡号以及支付金额信息，这些信息会被传送到银行卡网络并进而传送到金融机构。权利要求记载的方法要求多个主体参与，包括收款人的代理人，远程支付网络，发卡行等。被告 Paymentech 自 2002 年起为零售商提供远程支付服务，零售商的客户电话呼叫零售商，之后零售商会通过交互式语音单元（IVR）搜集信息并传送给 Paymentech，Paymentech 再将相关信息路由到参与这一服务的借记卡网络中，网络再将相关信息传送给后面的金融机构；之后金融机构选择授权或拒绝该交易。如果授权，则根据从零售商搜集到的信息扣除用户账户的相关金额，之后关于交易的信息从金融机构传回到借记卡网络中，然后由 Paymentech 传回零售商，再由零售商通知客户。②

为阐明 Paymentech 与其他执行主体之间存在着能够构成 271（a）意义上的"关联"，原告 BMC 主张从其他联邦地方法院的判决中，可以归纳如下情况时，即可以认定"关联"存在：①各主体之间形成了专利中所描述的关系；②各主体共同地（jointly）或协同一致地（in concert）一起行动执行了专利保护的步骤；③各主体间存在合同关系；④各主体在一个通常的商业关系中进行交互。③ 但审理此案的得克萨斯北区联邦地方法

---

① Hill v. Amazon.com，Inc.，2006 U. S. Dist. LEXIS 3389（2006），"The court agrees that a showing of 'agency' or 'working in concert' is not necessarily required … In the absence of an agency or contractual relationship… the defendant and the third party are connected at least to the extent that the defendant must actually direct the third party to perform the remaining steps of the method."

② BMC Res.，Inc. v. Paymentech，L. P.，498 F. 3d 1373（2007），1375 – 1376.

③ BMC Res.，Inc. v. Paymentech，L. P.，2006 U. S. Dist. LEXIS 37746（2006），21 – 22，"Specifically，BMC states that 'some connection' may be found if it establishes that：（1）the entities engaged in the same relationship described in the patent… （2）the entities work together，jointly，or in concert to perform the patented method steps… （3）a contractual relationship exists between the parties… or（4）the entities interacted during the ordinary course of a commercial business relationship. . ."

院并不认同这些标准，而是认为这种关系必须达到有一方在"控制或指示"（control or direct）其他方的程度。即"控制或指示"是"唯一适当的标准"。①

上诉判决中，联邦巡回上诉法院对此标准进行了确认。根据巡回法院的论证，在考虑直接侵权［即271（a）意义下的侵权］时，如果存在多个主体的行为，则这些主体之间的联系应该在"替代责任"（vicarious liability）的视角下来观察。② 这是因为，当某个主体参与或者鼓励了侵权，但又不构成直接侵权的时候，应该依据间接侵权条款来认定，而后者又依赖于在这些参与的主体中有人从事了直接侵权行为。③

替代责任是英美普通法上的一个概念，是指一人为另一人的行为承担责任。④ 在普通法下，最主要的一种替代责任是雇主责任（principle of respondeat superior）。普通法将雇主视为本人（principals），将其雇员视为代理人（agent）。在雇用关系中的这种代理人在其雇用范围内造成的侵权，由本人（即雇主）来承担责任。⑤ 传统上，本人也被称为主人（master），即雇用代理人来服务于其事务并在提供服务的过程中有权控制其行为的人；⑥ 这个意义上的代理人也被称为仆人（servant），即被主人雇用来服务于其事务并且其服务的过程被置于主人的控制权

---

① Id., 20 - 22, "*b. 'Direct or Control' Is the Proper Legal Standard* … the Court … finds that Plaintiff must prove that the party accused of infringement directs or controls the actions of the other entity or entities performing the steps of the process patent."

② BMC Res., Inc. v. Paymentech, L. P., 498 F. 3d 1373（2007），1379, "… the law imposes vicarious liability on a party for the acts of another in circumstances showing that the liable party controlled the conduct of the acting party."

③ Id., 1379, "When a defendant participates in or encourages infringement but does not directly infringe a patent, the normal recourse under the law is for the court to apply the standards for liability under indirect infringement. Indirect infringement requires, as a predicate, a finding that some party amongst the accused actors has committed the entire act of direct infringement."

④ Dan B. Dobbs, Paul T. Hayden and Ellen M. Bublick, *The Law of Torts*, second ed., Thomson Reuters, 2017, §425, "Vicarious liability is liability for the tort of another person."

⑤ Restatement（Third）Of Agency § 2.04, "An employer is subject to liability for torts committed by employees while acting within the scope of their employment."

⑥ Restatement（Second）of Agency §2（1）, "A master is a principal who employs an agent to perform service in his affairs and who controls or has the right to control the physical conduct of the other in the performance of the service."

下的人。① 可见，这两者关系中的核心是一方对另一方的行为有控制权。这也正是雇主责任具有合理性的一个很重要的原因。这种控制权使得雇员的行为可以被视为雇主的行为，因而归责于雇主，即使雇主可能并非是对雇员的某一特定行为作出指示。这项责任的来源可以追溯到英王爱德华一世时期，② 并构成一项普通法的原则，即"某人通过另一人做出的行为应视为其自己的行为"③。一方对另一方是否存在这样的控制关系，需要由具体的环境来决定，有时候建立这种关系所需要的控制程度可以是非常微弱的。④

在普通法上与主人—仆人关系（实质是控制关系）相对应的，是独立承包商的概念。这是指某人和另一人签订合同为他做某事，但另一人对他的行为并不具有控制权。独立承包商可能是一个代理人。⑤ 一般而言，由于合同相对方（在独立承包商属于代理人的情况下，即本人）对独立承包商的行为不具有控制关系，因此并不对独立承包商的行为承担替代责任。⑥ 事实上，在普通法下，一个人是否会对另一为其服务的人的行为承担替代责任，主要不是由两人之间到底是如何约定来决定的，而是从被侵权人的视角出发：在被侵权人看来，他们之间是否有控制关系。如果原告因为雇主的行为而有合理理由认为独立承包商受其控制（即作为他的仆

① Id., §2（2），"A servant is an agent employed by a master to perform service in his affairs whose physical conduct in the performance of the service is controlled or is subject to the right to control by the master."

② O. W. Holmes, Jr., "Agency", *Harvard Law Review*, Volume 4, March, 1891, p. 365 – 366.

③ 即"*qui facit per alium facit per se*"，参见 South Carolina Ins. Co. v. James C. Greene and Co., 348 S. E. 2d 617（1986），622。

④ Restatement（Second）of Agency §220, comment d, "Although control or right to control the physical conduct of the person giving service is important and in many situations is determinative, the control or right to control needed to establish the relation of master and servant may be very attenuated."

⑤ Id., §2（3），"An independent contractor is a person who contracts with another to do something for him but who is not controlled by the other nor subject to the other's right to control with respect to his physical conduct in the performance of the undertaking. He may or may not be an agent."

⑥ Dan B. Dobbs, Paul T. Hayden and Ellen M. Bublick, *The Law of Torts*, second ed., Thomson Reuters, 2017, §431, "The putative1 general rule is that employers are not subject to vicarious liability for the torts of carefully selected independent contractors." 但当法院基于法律政策的考量，认为合同相对方具有"不可对外委任的职责"（nondelegable duties），而合同相对方将这些职责委托给了独立承包商来完成时，法院仍然会要求合同相对方就独立承包商给他人造成的侵权承担替代责任。典型的情况包括委托的工作存在"固有的危险"（inherent danger），"特别的风险"（peculiar risk），"公共危险"（public danger）等情形。见前述 *The Law of Torts*, §432。

人在行动），则雇主也应该承担替代责任。^①

除了控制关系外，在普通法上可能构成替代责任的还有合营关系（joint enterprise）、协同一致行为关系（concert of action）、帮助、教唆或诱导关系，等等。^② 其中合营关系（joint enterprise）是指两个以上的人默示或明示地一起从事某个行为，并且有着共同的目的、团体利益以及平等的控制权。^③ 需注意的是，在普通法上，替代责任这一概念主要是描述一种责任承担形式（即一人为另一人的行为承担责任），不涉及对行为各方在行为过程中角色和主观过失的评价，因此替代责任（vicarious liability）和帮助侵权（contributory infringement）在普通法上不是一个层次的概念。在普通法上前面所讲的"帮助、教唆或诱导关系"其实是帮助侵权的一种，但由于原告可以向帮助者、教唆者或诱导者主张连带责任，所以也属于替代责任的范畴。

联邦巡回上诉法院在 BMC Res., Inc. v. Paymentech, L. P. 案中认为在考虑直接侵权［即 271（a）意义下的侵权］时，如果存在多主体分别进行的行为，则这些主体之间的联系应该在替代责任（vicarious liability）的视角下来观察，是指多主体之间应该存在着控制关系。^④ 在这种关系存在时，虽然有多个主体共同执行了权利要求中的步骤，但是由于主体之间在这一过程中存在着控制与被控制关系，因而那些被控制的主体的行为可以被归于控制主体的行为，这样一来，就相当于控制主体实施了权利要求中记载的所有步骤。

这就是美国在直接侵权认定中所谓的单一主体原则（Single Entity Rule），即在认定是否存在直接侵权时，要看是否由一个单一主体实施了

---

① Id., §433, "If the plaintiff deals with the independent contractor in the reasonable belief, induced by the employer's conduct, that she is dealing with the employer himself or his servants, she is entitled to hold the employer vicariously liable when she suffers physical harm at the hands of the contractor."

② Id., §435. 其他的还有例如合伙关系（partnership）、委托保管（bailment）、家庭关系（family relationship）、法定的车主责任（owner-consent statutes）等。

③ Id., §435, "The joint enterprise is found to exist when two or more persons tacitly or expressly undertake an activity together—usually an automobile trip—with common purpose, community of interest and an equal right to a voice in the control."

④ BMC Res., Inc. v. Paymentech, L. P., 498 F. 3d 1373（2007），1379, "In the context of patent infringement, a defendant cannot thus avoid liability for direct infringement by having someone else carry out one or more of the claimed steps on its behalf."

权利要求中记载的所有特征。如果有两个以上的主体分别实施了这些特征，则这些主体之间应该存在着控制与被控制的关系，从而使得那些被控制的人的行为可以归责于控制人。我们在上文已经分析，对于装置权利要求，产品的物理特性就使得总会有一个单一的主体来最终完成产品的生产，而他的行为就正好使得形成的产品满足了装置权利要求的全部特征；对已经生产完成的完整的产品进行销售和使用，也总会是一个单一的主体。因此是否采用单一主体原则，主要是对方法权利要求影响比较大。因为方法权利要求中记载的步骤可以由多个主体来分别实施。根据单一主体原则，在这些主体之间不存在控制与被控制关系时，由于多主体的行为不能被归责于其中一个主体，因此虽然权利要求中记载的方案被执行了，但没有人构成直接侵权，而间接侵权又是以直接侵权存在为前提，因此也没有人构成间接侵权——换句话说，可能存在着权利要求中记载的技术方案被完整实施，但没有人侵权的情形。

联邦巡回上诉法院显然是注意到了这种情况。法院在判决中指出，如果僵化地认为权利要求中所有步骤必须由在事实上的一个主体来执行，则他很容易规避侵权责任：只需要把其中一些步骤委托他人来执行就可以了。联邦巡回上诉法院认为替代责任理论完全能够解决这个问题，因此其同意联邦地方法院提出的"控制或指示"（control or direct）标准，这样在事实上看来，虽然有多个主体在执行，但在法律看来，其实只有一个主体。①

联邦巡回上诉法院同时也承认，这会使得那些不构成控制或指示关系的多主体不必承担侵权责任。但相比而言，法院更不愿意看到直接侵权条款［即271（a）］的适用范围被扩大而给社会公众造成伤害。因为271（a）中的责任是"严格责任"（strict liability），② 是否构成直接侵权不以行为人的主观状态为转移。如果扩大直接侵权条款的适用范围，将可能使

---

① Id., 1381, "A party cannot avoid infringement, however, simply by contracting out steps of a patented process to another entity…the party in control would be liable for direct infringement. It would be unfair indeed for the mastermind in such situations to escape liability."

② Id., 1381, "This court acknowledges that the standard requiring control or direction for a finding of joint infringement may in some circumstances allow parties to enter into arms-length agreements to avoid infringement. Nonetheless, this concern does not outweigh concerns over expanding the rules governing direct infringement."

得更多的、没有主观故意的主体被纳入到直接侵权条款的范围之中。另外，联邦巡回上诉法院也认为，方法专利的权利人完全可以在申请文件的撰写过程当中通过单侧撰写的方式规避这一问题。① 这样一来，单一主体原则对于方法权利要求的不利影响，就更是微不足道了。

在一年后的 Muniauction, Inc. v. Thomson Corp. 案中，联邦巡回上诉法院再次对上述标准予以了确认。该案涉及一种在线拍卖政府市政债券（municipal bond）的方法专利。债券的竞拍者执行了方法专利的第一步，被告 Thomson 作为拍卖商执行了该专利方法的其他主要步骤。就各行为人之间是否存在必要的联系（connections），从而行为人构成直接侵权，联邦地方法院在 BMC 案之前作出了判决。在该判决中，联邦地方法院认为 271（a）下的直接侵权可能是以共同侵权的形式（joint infringement）构成。② 因而其对陪审团在这个问题上做了如下的指示："考虑相关各方在电子拍卖流程中是否共同行动（acting jointly or together）。他们是否意识到了彼此的存在并且在电子拍卖过程中进行交互（interacting）？是否有一方在教导（teaching）、指示（instructing）或者促进（facilitating）另一方参与电子拍卖过程？这是陪审团在做决定时应该考虑的问题。如果你们认为被告 Thomson、竞拍者以及债券发行人之间有着充分的联系（sufficient connection），你们就可以认定 Thomson 构成了直接侵权。"③

但这一意见并未被联邦巡回上诉法院接受。在其二审意见中，联邦巡回上诉法院重申了 BMC Res., Inc. v. Paymentech, L. P. 案确定的原则：在根据 271（a）考虑是否存在直接侵权时，若存在多个主体，则必须有一个主体在"控制或指示"其他主体，该控制主体才能构成直接侵权。在 Muniauction, Inc. v. Thomson Corp. 案中，联邦巡回上诉法院进一步明确，这所谓的"控制或指示"，就是传统侵权法所说的构成了替代责任的那种程度。④ 也即我们上文分析的，这一方与其他方之间形成了控制关系。

---

① Id., 1381, "The concerns over a party avoiding infringement by arms-length cooperation can usually be offset by proper claim drafting."

② Muniauction, Inc. v. Thomson Corp., 502 F. Supp. 2d 477（2007），491 – 492, "（c）Joint Infringement…There is no error in the instruction, or verdict, regarding joint infringement."

③ Muniauction, Inc. v. Thomson Corp., 532 F. 3d 1318（2008），1329.

④ Id., 1330, "Under BMC Resources, the control or direction standard is satisfied in situations where the law would traditionally hold the accused direct infringer vicariously liable for the acts committed by another party that are required to complete performance of a claimed method."

联邦巡回上诉法院在 2012 年第一次以全体出席（en banc）的方式审理 Akamai Technologies, Inc. v. Limelight Networks 案时（以下称 Akamai en banc I 判决），① 对 271（a）是否仍然坚持这一标准进行决定。联邦巡回上诉法院承认在存在多个主体时，侵权行为要么由被诉侵权者的代理人来执行，或者由一方根据被控侵权者的指示或控制来执行，才可能构成直接侵权［即根据 271（a）的侵权］。② 但正如我们在上文已经阐述过的，联邦巡回上诉法院在这一次的判决中，其实是设想了两种直接侵权行为，即 271（a）下的直接侵权，适用单一主体原则；另一种是 271（b）下的直接侵权，这种直接侵权的构成仅仅需要方法权利要求中的所有步骤被执行了即可构成，无须受单一主体原则的限制。

二、联邦巡回上诉法院对单一主体原则的争议

但联邦最高法院在对 Akamai en banc I 进行调卷审理后，于 2014 年驳回了联邦巡回上诉法院的判决并发回重审。③ 联邦巡回上诉法院首先以合议庭（panel）的方式审理了此案，并于 2015 年 5 月 13 日做出判决（以下简称 Akamai panel 判决），并以 2∶1 通过多数判决。④

在这一判决中，两方的法官都对 271（a）的适用范围做了详细的探讨，主要的分歧点在于 271（a）是否适用于普通法下的连带侵权责任（joint tortfeasor liability）。

这里双方争论的所谓连带侵权责任是指多个主体协同一致行动（act in concert）时导致的一种普通法上的责任。正如我们在前文已经介绍的，在普通法下，多主体协同一致的侵权分为三种类型：一种是"与他人协同一致或按照一个共同的计划执行侵权行为"；第二种是"明知他人的行为构成了对义务的违反，仍然对他给予实质性帮助或者鼓励而使其采取该等行为"；第三种是"对他人完成侵权结果提供实质性帮助，并且其自己

---

① Akamai Technologies, Inc. v. Limelight Networks, 692 F. 3d 1301 (2012).

② Id., 1307, "To be sure, the court has recognized that direct infringement applies when the acts of infringement are committed by an agent of the accused infringer or a party acting pursuant to the accused infringer's direction or control."

③ Limelight Networks, Inc. v. Akamai Techs., Inc., 134 S. Ct. 2111 (2014).

④ Akamai Technologies, Inc. v. Limelight Networks, 786 F. 3d 899 (2015).

的行为如果单独考虑，构成了对第三人义务的违反"。① 第二种和第三种主要的区别在于是否要求主观要件。可以看到，第二种"协同一致的侵权"在美国专利法下已经体现在第 271（b）和 271（c）下；第三种"协同一致的侵权"受到专利法上的"全要件原则"的制约，因此在专利法上不可能满足：由于只是提供实质性帮助，并没有完全实施权利要求记载的所有特征，因此如果"单独考虑"其行为，不可能构成对权利人义务的违反（也即不构成对专利权人的侵权）。

因此，本案重点讨论的对象主要围绕第一种，即"与他人协同一致或按照一个共同的计划执行侵权行为"展开。② 普通法上这种协同一致的侵权要求多个主体按照明示或默示的合意在一系列的行为上合作或者合作完成一个特定的目的。③ 在这种侵权模式下，各行为人均对他人的行为承担连带责任（joint and several liability）。可以看到，虽然对被侵权人而言，行为人向其承担全部责任时，是在某种意义上替代他人承担责任，因此，在普通法上也认为属于替代责任（vicarious liability）的一种，但和主人—仆人关系下的替代责任不同。在传统的主人—仆人关系下，只有主人会作为责任主体来"替代"真正给被侵权人造成损害的仆人承担责任，而在协同一致行为中，每个人都可能"替代"其他人对被侵权人承担责任，这端赖被侵权人选择的起诉对象。

两方法官就这种行为是否在 271（a）下构成侵权进行了大量的辩论，但总结起来，其分歧点主要在如下两个方面：

（1）行为本身的违法性。多数意见法官认为普通法下的"与他人协同一致或按照一个共同的计划执行侵权行为"要求执行者的行为首先其本身必须是侵权行为（tortious act）。而一个无辜行为（innocent action），即使促成了侵权行为的发生，该行为人也不应承担责任。④ 当某个人仅执

---

① Restatement (second) of Torts, §876.

② Akamai Technologies, Inc. v. Limelight Networks, 786 F. 3d 899 (2015), 911, 923.

③ Restatement (second) of Torts, §876, comment a, "Parties are acting in concert when they act in accordance with an agreement to cooperate in a particular line of conduct or to accomplish a particular result. The agreement need not be expressed in words and may be implied and understood to exist from the conduct itself. "

④ Id. ,, §876, comment c, "In order for the rule stated in Clause (a) to be applicable, it is essential that the conduct of the actor be in itself tortious. One who innocently, rightfully and carefully does an act that has the effect of furthering the tortious conduct or cooperating in the tortious design of another is not for that reason subject to liability. "

行了权利要求的部分技术特征时，因为全要件原则的限制，这并不构成侵权行为，而是一个无辜行为，那么自然，多个人的无辜行为即使结合到一起使得权利要求中的所有技术特征被执行（我们在此假设所有特征被执行就构成"侵权"——虽然这一假设可能并不成立），由于每一个都是无辜行为，则每个人都不应承担责任。[1]

而少数意见法官则认为普通法下即使每个人的行为都是无辜行为，但对于其行为给被告造成的损害，也应承担责任。[2]

笔者认为，双方对普通法的解释其实并不矛盾。当多个人之间有对损害后果的共同计划、设计或目的（in pursuit of a common plan, design, or purpose）而协同行为时，即使各行为单独来看属于无辜行为，但由于有了协同的合意以及对损害后果的合意，因此这些行为也就成了非法行为。正是在这个意义上，美国有学者认为"独立而言无辜的行为组合起来导致损害后果时，该行为也可能属于侵权行为"[3]。而当行为人本身并无这种共同的计划、设计或目的时，那些执行了无辜行为而导致损害后果发生的人，并不承担责任。因此，损害结果以及合意是承担责任的前提。

双方之所以有分歧，其核心在于对"损害"的理解不同。多数意见法官并不认为"权利要求所有技术特征都被执行了"（就所讨论的案件而言，即方法权利要求中的所有特征都被执行），就一定意味着存在损害——而只有这些特征被一个主体执行，才有损害问题。在损害都不存在的前提下，无论行为人之间如何地合意，都不可能构成侵权；而相反，少数意见法官认为"权利要求所有技术特征都被执行了"（就所讨论的案件而言，即方法权利要求中的所有特征都被执行），就一定意味着存在损害。既然损害存在，那么即使每一方的行为都是无辜行为（因为每一方都未执行全部的技术特征），则只要各方之间存在着对损害的合意，则就构成直接侵权。简而言之，多数意见法官仍然坚持着271（a）应适用单一主体原则，而少数意见法官则相反。

---

[1] Akamai Technologies, Inc. v. Limelight Networks, 786 F. 3d 899 (2015), 926, 911.

[2] Id., 926, "Indeed, the common law imposed liability for harm resulting from multiple parties even if the individual acts of each party were not tortious."

[3] W. Page Keeton, Dan B. Dobbs, Robert E. Keeton, and David G. Owen, *Proseer & Keeton on Torts*, West Group, 2017, §52, "A number of courts have held that acts which individually would be innocent may be tortious if they thus combine to cause damages."

多数意见法官之所以不愿意在此将所有"权利要求所有技术特征都被执行了"都认定成是损害，而要加上单一主体的限制，是因为其271（a）是一个严格责任条款。即法院在判断是否存在271（a）意义上的直接侵权时，不考虑行为人的主观因素。而如果按照少数意见法官的建议，将271（a）的适用扩大到"与他人协同一致或按照一个共同的计划执行侵权行为"，则法院势必要考虑行为人的主观因素，这等于是把一个严格责任条款变成了一个过错责任条款，显然与立法目的相违背。而如果要坚持以严格责任来解释271（a），就意味着不能去考虑多主体在执行权利要求所有技术特征时的主观状态，这已经不符合普通法"与他人协同一致或按照一个共同的计划执行侵权行为"的定义了。更重要的是，在271（a）采取严格责任的情况下，如果不坚持单一主体原则，将使得权利的保护范围过宽——在不考虑主观要件的情况下，即使多主体之间并无共同的计划，也会构成侵权。这样，某个人可能仅仅是执行了权利要求中记载的一个步骤，但由于其他主体的行为和他的行为结合在一起导致整个权利要求被执行时，他也会构成侵权。

　　在此特别值得一提的是，本案的多数意见法官认为装置权利要求并不会涉及多主体分别侵权的问题，因为每一个设备必然会有一个最终的单一主体来使其制造完成。[1]但美国历史上首起与此相关的案件——Wallace v. Holmes案，其实正是基于"与他人协同一致或按照一个共同的计划执行侵权行为"来做出判断的。[2]该案涉及的一种灯具，包括点灯器（burner）和灯罩（chimney），主要的创新点在于点灯器上。被告制造和销售了这种点灯器。法院认为如果某人与第三方协同（in actual concert）来实际制造、销售和使用专利保护的灯具，在这一协同行为中，有些人同意（consented）制造点灯器，有些人同意制造灯罩，每一部分离开其他部分都没有实际用处，并且当他们实际从事了这些行为时，无疑他们就构成共同侵权（joint infringement）。法院指出这种为了实现某一共同目的（in precise conformity with the purpose in view）而协同一致的行为，将使得不

----

① Akamai Technologies, Inc. v. Limelight Networks, 786 F. 3d 899（2015），910，"Cases discussing apparatus（as opposed to method）claims are not helpful because whoever combines the last element of an apparatus necessarily, individually, 'makes' the invention. Thus, in the case of an apparatus claim, there is always a single entity directly infringing the patent."
② Wallace v. Holmes, 29 F. Cas. 74（1871）.

同的部分被放在一起使用，如果这是允许的，则会导致专利失去价值。法院进一步认为，在这些案件中，所有的共同侵权人都参与到了侵犯专利的共同目的当中（engaged in a common purpose to infringe the patent），并且实际执行了协同行为，造成了侵权后果。[1]

可见，该案中并非法院先认定了购买者分别购买了点灯器和灯罩后予以主张的行为构成直接侵权，然后才认定生产点灯器的行为构成"提供实质性帮助或诱导"侵权行为（即普通侵权法上协同一致行为的第二种）。Wallace v. Holmes 案的论证逻辑，正是本案（Akamai panel）少数派法官所坚持的。

（2）多主体之间是否需互为代理。多数意见法官认为要构成普通法下的"与他人协同一致或按照一个共同的计划执行侵权行为"，需要行为之间关系的紧密程度达到合谋的地步，各方之间在法律上能构成互为代理的（mutual agency）关系。这也正是早期普通法认为这种情况下，每一人都应对其他人的行为负完全责任的理论依据。[2] 而少数意见法官则主张普通法对协同一致行为的定义不限于是在双方之间形成代理关系［甚至也不限于双方之间形成了合同义务或者成立了合营关系（joint enterprise）］。[3]

多数意见法官逻辑其实是，首先认为如果一个方法的技术方案由多个主体实施，而各主体之间又是处于一个正常的（arms-length）交易关系中，则不可能构成 271（a）下的侵权。因此，在本案中试图引入协同一致行为来论证被告的行为构成侵权，在理论上并不兼容。少数意见的前置逻辑是一个正常的（arms-length）交易关系下也可能构成 271（a）下的侵权，而协同一致行为的侵权理论也能够适用于这种关系。

总结上述两点，对于是否有必要把 271（a）扩大到"与他人协同一致或按照一个共同的计划执行侵权行为"这种情况时，多数意见法官更多的是站在公众利益的角度，对此持反对态度，他们认为协同一致侵权理论与 271（a）并不兼容，并担心如果将这一理论适用到专利法上来，将使得很

---

① Id., 80.

② Restatement（second）of Torts, §876, comment a, "The theory of the early common law was that there was a mutual agency of each to act for the others, which made all liable for the tortious acts of any one."

③ Akamai Technologies, Inc. v. Limelight Networks, 786 F. 3d 899（2015）, 928, "Similarly, the common law does not limit concerted action to instances where parties are acting in furtherance of an agency relationship, contractual obligation, or joint enterprise."

多正常交易的参与方被置于 271 （a）的审视之下，甚至导致一种荒谬的情况，即方法权利要求的步骤越多（即有更多技术特征限制），可能使更多的主体被原告起诉，因为这些步骤可能被更广泛的主体执行。① 至于少数意见法官认为严格的单一主体原则将可能使专利权人的利益得不到保护的主张，多数意见法官认为这是国会有意为之，也应由国会通过立法来解决。②

而少数意见法官则更多地倾向于保护专利权人的利益，因此主张对 271 （a）做扩大化的解释，以使更多的多主体执行方法权利要求所有技术特征的情况能被涵盖进来。对于多数意见法官所主张的严格的单一主体原则，少数意见法官同样也指出了一种荒谬的情况，即如果有人诱导某个人去执行方法权利要求的所有步骤，则他所诱导的人将构成 271 （a）下的侵权，而这个诱导者将构成 271 （b）下的侵权；而当他参与其中某些步骤的执行时，则可能既没有人构成 271 （a）下的侵权，也没有人能构成 271 （b）下的侵权。少数意见法官认为这种情况不可能是国会有意为之的情况。③

值得注意的是，多数意见的法官虽然仍然坚持单一主体原则，并认为参与各方的联系应足以达到使某一方承担普通法下的替代责任（vicarious liability）的程度，但判断标准相比较 BMC Res.，Inc. v. Paymentech，L. P. 和 Muniauction，Inc. v. Thomson Corp. 两案中确定的指示或控制标准（即各方需要构成普通法下的控制关系），其实有了很大的拓宽。

多数意见认为替代责任的原则应适用于 271 （a）。而对于替代原则的范围（scope），多数意见举出了三种形式：（i）本人—代理人关系;④

---

① Id.，913.

② Id.，906，"In the 1952 Patent Act，Congress removed joint-actor patent infringement liability from the discretion of the courts，defining 'infringement' in § 271 （a） and expressly outlining in § 271 （b） and （c） the only situations in which a party could be liable for something less than an infringement. This was purposeful."

③ Id.，921 – 922.

④ 应该指出的是，这里的所谓本人—代理人关系即我们前文所讲的主人—仆人（master-servant）关系。"主人—仆人"是普通法的一个早期术语，现在已经被很多法院放弃。见 Restatement （Third） Of Agency § 2.04，comment a，"This Restatement does not use the terminology of 'master' and 'servant'. Section 7.07 （3） defines 'employee' for purposes of this doctrine. Section 7.07 （2） states the circumstances under which an employee has acted within the scope of employment. Section 7.08 states the circumstances under which a principal is subject to vicarious liability for a tort committed by an agent，whether or not an employee，when actions taken with apparent authority constituted the tort or enabled the agent to conceal its commission"。

（ii）合同安排（contract arrangement）；（iii）合营关系（joint enterprise）。就第（ii）项合同安排，法官在这里指的是在当事人之间就执行方法专利的步骤形成了控制与被控制关系的这种合同，类似于我们之前提到的在雇主与承包商之间的，但也需要由雇主承担替代责任的合同。① 也即，多数意见法官所述讨论的第（i）和第（ii）项替代责任，还是BMC Res., Inc. v. Paymentech, L. P. 和 Muniauction, Inc. v. Thomson Corp. 案中所确定的控制关系，即必须有一个主体在控制或指示其他主体。

而多数意见所提出的第（iii）项合营关系（joint enterprise），在普通法下被界定成一个合伙关系，但相比较传统意义上的合伙定义更宽。传统意义上的合伙通常都是为了完成某种商业交易而设立，一般具有长期性；而合营关系可能仅仅是为了在比较短的时间内完成某些有限的目的而设立。② 普通法下构成合营关系的要件有四项：①在成员之间存在明示或默示的协议；②为了达到共同的目的；③成员间在该共同目的中存在共同的经济利益；④在事业发展方向的决策上具有平等的

---

① 多数意见法官对第（ii）项的阐述容易使人疑惑。他们谈到"当合同'命令'（mandate）执行方法权利要求的所有步骤时，每一方都对其执行的步骤负责"。从这一阐释中，看不到法院要求这种合同中存在"控制关系"。但法官接着又说："这种合同安排在一个正常的（arms-length）买卖关系中，通常是不存在的。"Akamai Technologies, Inc. v. Limelight Networks, 786 F. 3d 899 (2015), 910, "Similarly, when a contract mandates the performance of all steps of a claimed method, each party to the contract is responsible for the method steps for which it bargained. However, this type of contractual arrangement will typically not be present in an arms-length seller-customer relationship." 所谓"正常的（arms-length）关系"，是指交易双方基于平等的交易地位（equal footing），双方并不存在控制与被控制关系。参考 S. D. C. L § 10 - 11 - 56 "the term, arms-length transaction, means the transfer of property offered on the open market for a reasonable period of time between a willing seller and a willing buyer with no coercion or advantage taken by either party". 多数意见法官在对承担替代责任的第（ii）项"合同安排"的阐释中，首先说这种安排与第（i）项雇主—雇员关系是相似的（similarly），又说这种关系在"正常的买卖交易关系中是没有的"，说明其认为能够构成"替代责任"的合同安排，并非双方基于平等交易地位而做出的合同安排，而是存在着合同主体之间的"控制关系"的合同安排。

② Restatement（second）of Torts, §491, comment b, "A joint enterprise includes a partnership, but it also includes less formal arrangements for cooperation, for a more limited period of time and a more limited purpose. It includes an undertaking to carry out a small number of activities or objectives, or even a single one, entered into by members of the group under such circumstances that all have a voice in directing the conduct of the enterprise."

权利。[1]

不过遗憾的是，多数意见并未讨论为什么要加入这第（iii）项内容；而这第（iii）项，也正是少数意见法官认为多数意见法官自相矛盾之处。从关系上看，合营关系中的各个主体之间的关系更像是"协同一致行为"中各方的关系，而非主人—仆人之间的关系。在合营关系中，和协同一致行为一样，各主体之间应承担连带责任，而非是单纯的替代责任。[2] 从合营关系的构成要件我们可以知道，其中其实也有对主观性的要求，即各方为了达到共同的目的。只是和"协同一致行为"不一样的是，这里的共同目的不一定是"共同的计划执行侵权行为"那么具体的一个要求。

三、单一主体原则的现行标准

仅过了3个月，联邦巡回上诉法院再以全体出席（en banc）的方式对该案再次审理（下称"Akaimai en banc II"判决），撤销了 Akaimai panel 判决。[3] 虽然如此，这份合议庭判决（panel decision）中多数意见所坚持的单一主体原则以及其对该原则的扩大解释，即除了控制关系之外新增加的合营关系，得到了后来的全体出席判决（en banc decision）的支持。这份全体出席判决得到了所有法官的同意。Akaimai en banc II 也是美国法院对 271（a）适用于多主体方法专利侵权时的一个最近的最重要的判例，其中确定的规则即美国对这一问题的现行有效法律（good law）。

Akaimai en banc II 仅对适用标准作了宣告式的陈述，并未给出更进一步的分析理由。根据这份判决，对于 271（a）适用于多主体方法专利侵权时的规则如下：

（1）单一主体规则仍然有效。即只有权利要求的所有的技术特征都是由一个主体实施，或可以归咎于某一主体时，才构成 271（a）下的专

---

①　Id. , §491, comment c, "The elements which are essential to a joint enterprise are commonly stated to be four：（1）an agreement, express or implied, among the members of the group；（2）a common purpose to be carried out by the group；（3）a community of pecuniary interest in that purpose, among the members；and （4）an equal right to a voice in the direction of the enterprise, which gives an equal right of control. "

②　Akamai Technologies, Inc. v. Limelight Networks, 786 F. 3d 899（2015）, 928, note 5, "However, like other forms of joint tortfeasor liability and unlike agency or contract obligation, it creates joint and several liability among the participants of the joint enterprise. "

③　Akamai Technologies, Inc. v. Limelight Networks, 797 F. 3d 1020（2015）.

利侵权。①

（2）目前，各主体之间存在以下两种关系时，将认定为"可归咎于某一主体"②：

A. 某一主体指示或控制（direct or control）其他主体的行为，即该主体与其他主体之间存在控制关系。

在如下情况下，将认定为存在控制关系：a）根据普通法，构成了主仆关系（现在的用语叫代理关系）；b）通过合同指示他人从事某行为，类似于普通法上足以成立替代责任的雇主与独立承包商之间的关系；c）被控侵权人将其他主体执行权利要求中的步骤作为其参与某个活动或者得到某种利益的条件，并且设定了执行这些步骤的时间或方式。

显然，这种情况下，只有控制主体能够作为单一主体因其他主体的行为被归咎。

B. 各执行主体之间构成了合营关系（joint enterprise）。这时，任何一个主体都可以作为单一主体因其他主体的行为被归咎。而构成合营关系需要具备四个要件：a）在成员之间存在明示或默示的协议；b）为了达到共同的目的；c）成员间在该共同目的中存在共同的经济利益；d）在事业发展方向的决策上具有平等的权利。

（3）在第（2）点中所列的两个"可归咎于某一主体"的情形并非封闭的。什么是"可归咎于某一主体"是一个开放的概念，要在具体的案件事实中来认定。

基于上面的分析框架，联邦巡回上诉法院认为在本案中 Limelight 的客户如果想要使用其服务，必须将其网页进行标记（这是权利要求的一个步骤），因此其客户要使用 Limelight 提供的服务，是以执行权利要求的某个步骤为条件的；并且 Limelight 告诉了用户具体如何对其网页进行标记，即告知了用户执行权利要求某个步骤的具体方式。故此，Limelight 构成 271（a）下的专利侵权。

以上对 271（a）的讨论主要集中在方法权利要求的领域。这一问题的出现在于多个主体分别实施方法权利要求中的步骤时，按照全要件原

---

① Id. , 1022, "Direct infringement under § 271 (a) occurs where all steps of a claimed method are performed by or attributable to a single entity. "

② Id. , 1022 – 1023.

则，难以认定具体的实施侵权的主体，因此法院引入了单一主体原则来解决这一问题，在这一原则下，直接侵权是否存在，重点是考虑主体之间的关系。这一问题对于系统权利要求其实也存在。在系统权利要求的特征一般而言可能多个主体来分别实施，如一个手机与基站的交互系统，手机持有人是用户，而基站的运营者为运营商。

　　但对于系统权利要求，美国法院在 271（a）下的重点已经不在于讨论不同主体之间的关系，而在于到底是谁在使用这个系统。这时候，单一主体原则成为一个背景性原则。因为所谓系统权利要求，其本质上还是一个装置权利要求，只是传统的装置权利要求中，装置的各个部件都集中在一个很小的空间当中，并且在物理上紧密联系在一起，而系统权利要求在本质上可以看作把这些部件分散在了更大的空间当中，而部件之间通过无线信号进行连接。因此，对装置权利要求发明的实施行为，例如制造、使用、销售、许诺销售、进口等，原则上都可以在系统权利要求发明中找到。只是在具体的案件中，制造行为往往难以认定。但对于系统的使用是较易认定的。联邦巡回上诉法院在 Centillion Data Sys., LLC v. Qwest Communs. Int'l 中将对系统权利要求的"使用"定义为"使发明得以运转"（put the invention into service），即"以整体的方式控制系统并从其中获得效用"。① 而所谓的"使发明得以运转"，就是指权利要求的所有技术特征都按照权利要求描述的方式进行运转，但这些部件并不一定非要在使用者的物理控制之下。这个逻辑其实和对装置权利要求保护的发明的使用是一致的。例如对一部手机的使用，用户真正接触到的只是一个部件，即手机的触屏，而手机后面的零部件用户并不直接使用，而是通过触发来控制其运转。一个系统权利要求只不过是将这些部件在距离上扩大，并通过无线或有线传输信号来控制而已，性质上并未改变什么。

四、对美国单一主体原则的评价

　　从上文我们对联邦巡回上诉法院所确立的单一主体原则的发展的分析

---

① Centillion Data Sys., LLC v. Qwest Communs. Int'l, 631 F. 3d 1279 (2011), 1284, "We agree that direct infringement by 'use' of a system claim 'requires a party... to use each and every... element of a claimed [system]."

可以看出，这一原则的确定最初是为了防止 271（a）的适用范围过宽从而给公众造成伤害。法院在 BMC Res., Inc. v. Paymentech, L. P. 案中以严格的方式来解释 271（a）条的适用范围，即所有行为必须归咎于某一个主体，且这个人必须与其他主体之间存在控制与被控制关系，一个很重要的考虑就是，271（b）和 271（c）已经就普通法下的某些共同侵权行为进行了界定，在此之外如果再对普通法下的某些存在多个主体的侵权行为通过 271（a）引入专利法中，并不符合国会立法的本意，并且也有可能使得专利侵权的判断标准模糊，从而给社会公众带来负面影响；另外，虽然适用严格的标准可能带来对专利权人利益的伤害，但专利权人完全可以通过单侧撰写权利要求的方式来规避这一伤害。这样，联邦巡回上诉法院在权衡两边的利弊后，将天平倾斜给了公众。

BMC Res., Inc. v. Paymentech, L. P. 案判决中的这种思路，在理想状态下，确实是正确的。既然专利权人可以通过申请阶段自行规避多人行为导致的侵权不确定性风险，则没有必要将这一风险转嫁到公众身上。这也是一个使包括信息成本在内的广义交易成本降到最低的制度性安排。与社会公众确定是否侵权的成本相比，显然专利权人仅仅更换一套权利要求的撰写方式的成本来得更低。

有学者以某些技术领域并不能进行单一主体撰写（unitary drafting）为由批评 BMC Res., Inc. v. Paymentech, L. P. 案的判决，他们认为在计算机和互联网技术领域，方法专利常常必须由多主体执行，因此撰写多主体的权利要求是不可避免的。[1] 但这并不符合撰写的实际情况。事实上，笔者还没有遇到过无法从某一单一主体的角度撰写的权利要求。只是从不同的角度撰写，可能涉及的侵权主体不同。例如，如果某个方法涉及服务器和客户端的交互，如果撰写一个多主体来执行的权利要求，则可能将参与的各方，尤其是服务的运营方（因为这一方最容易被认定为控制人），作为 271（a）下的侵权方予以指控；如果在撰写时分别布置服务器运行和客户端运行的单一主体权利要求，当服务方将服务器布置于境外时，此

---

[1] Stacie L. Greskowiak, "Joint Infringement After BMC：The Demise of Process Patents", *Loyola University Chicago Law Journal*, Volume 41, Issue 2, 2010, p. 402, "Further, divided process claims may simply be unavoidable... For example, in the field of computer and internet technologies, patents for processes often must contemplate the actions of multiple entities, such as users, web servers, and entities supplying information or services."

时专利权人可能只能主张客户端使用者在 271（a）下的侵权责任，而无法直接主张服务运营方的侵权责任。但这一问题在美国法下对权利人造成的伤害虽然不能说没有，其实并不会很严重。和中国不同，美国 271（a）并不受使用者的目的的影响，即使是消费者为个人目的执行了专利方法（即使用客户端），也会构成侵权，而服务运营方则可以根据 271（b）或 271（c）来承担责任。①

与理想状态不同的是，事实上有很多专利并非基于单一主体的思路来撰写，这就导致严格的单一主体原则认定标准——也即只有存在传统普通法意义上的控制关系时才可能构成 271（a）下的侵权——可能使得一些方法专利得不到保护。美国联邦巡回上诉法院在 Akaimai en banc II 中扩大其适用范围，也正是基于这种现实情况的考虑。

除了基于立法结构方面的解释之外［即 271（b）和 271（c）的存在意味着国会有意限制多主体专利侵权的适用范围，而给公众带来确定性］，联邦巡回上诉法院限制 271（a）的适用范围，还有一点很重要的考虑，即 271（a）下的侵权属于严格责任，法院无须考虑被诉侵权人的主观状态。因此，对 271（a）赋予过宽的适用范围，将可能使正常参与交易的某一主体因恰好执行了权利要求中的一个步骤而被牵连进来，从而限制了社会的正常商业交易。

Akamai panel 决定中，少数意见法官主张将"与他人协同一致或按照一个共同的计划执行侵权行为"纳入 271（a）的范围之内，但被多数意见法官认为这种共同侵权行为理论（joint tortfeasor）与 271（a）是方凿圆枘的②一个很重要的理由，即少数法官主张的这种侵权形态属于过错责任，而 271（a）属于严格责任。将其纳入 271（a），要么意味着法官在这种情形下，还要去考察主观状态——这符合这种侵权形态的要件，但不符合 271（a）的规定；要么意味着法官不去考虑被告的主观状态——这符合 271（a）的规定，但又不符合这种侵权形态的要件。

---

① 更进一步的分析可以参见 Mark A. Lemley, David W. O'Brien, Ryan M. Kent, Ashok Ramani, & Robert Van Nest, "Divided Infringement Claims", *American Intellectual Property Law Association Quarterly Journal*, Vol. 33, Number 3, p. 271—p. 275。

② Akamai Techs., Inc. v. Limelight Networks, Inc., 786 F. 3d 899 (2015), 911, "The error of this approach is that it attempts to fit a square peg in a round hole: joint tortfeasor law and § 271 are fundamentally incompatible."

另外值得注意的是，有美国学者认为在 1952 年立法之前，法官本来可以很方便地依据普通法的侵权原则来进行判决，但国会却十分短视（shortsighted）地制定了 1952 年专利法第 271 条。他们认为这一立法并没有考虑到多主体分别侵权（divided infringement）的情况，而这一立法架构正是单一主体原则的基础，这导致了分别侵权行为在法院难以得到保护。① 这一观点有一个前提是，对于一个方法专利，只要其中所有的步骤都被执行了，则该专利权就被侵犯。但在知识产权法定原则下，这一前提是不成立的。在传统的有形财产权领域，财产的损害本质上来源于长期以来由观念发展而形成的人对财产的占有和享用，法律只是对这一观念予以确认。② 与此不同，知识产权是在本来的信息自由的自然环境下，为了促进产业创新和经济发展而由法律"挖"出一片领域授予创新者以独占权。知识产权是一种完全由法律创设的权利，法律对其保护具有完全有别于传统财产权的工具主义特征，知识产权保护的范围、强度、种类，等等，都严格地受法律或政策的影响和规范。

因此，对于方法专利侵权的认定，不能想当然地以"方法专利中所有步骤都被执行了"，甚至"权利人的利益受到损害"来判断其是否构成法律上的侵权。"法律是否规定某种行为属于侵权行为"才是逻辑的起点，而在联邦巡回上诉法院对 271（a）适用范围的各个判例以及其对单一主体原则的界定，其实一直是在围绕这一问题讨论。如果法律没有规定，即使存在"方法专利中所有步骤都被执行了"、"权利人的利益受到损害"，也不能被认定是侵权行为。而上述学者，包括 Akamai panel 少数意见的法官，在逻辑上将后者作为前提，然后再以普通法如何认定侵权的方式来套用在分别侵权案件中，笔者认为并不恰当。

---

① Nathanial Grow, "Resolving the Divided Patent Infringement Dilemma", *University of Michigan Journal of Law Reform*, Volume 50, Issue 1, p. 5 - 6, "Specifically, much of the difficulty presented by divided infringement has resulted from the shortsighted manner in which Congress drafted the Patent Act—its most recent comprehensive overhaul of U. S. patent policy—in 1952."

② 有关法律与传统的财产权之间关系最经典的论述，参见［法］弗雷德里克·巴斯夏《财产、法律与政府》，秋风译，商务印书馆 2012 年版，第 140—162 页。

第二章　德国专利共同
侵权制度研究

第一节　德国的共同侵权理论

一、德国侵权行为法的基本架构

作为大陆法系代表的德国法，相较于散见在成千上万个判例中的英美法系，其侵权法呈现出更强的系统化和结构化特征。

在大陆法系，对侵权责任的讨论与损害赔偿的责任承担是分不开的，属于损害赔偿法的范畴。[①] 根据承担损害赔偿责任是否以责任人的过错为要件，德国在理论上将侵权责任划分为过错责任和无过错责任（或称为危险责任）。

就过错责任而言，德国通说将其要素分成两组：一是构成责任基础的要素，包括事实构成（Tatbestand）、违法性（Rechtswidrgkeit）以及过错（Verschulden）。二是确定责任范围的要素。[②]

事实构成指出了"在任何一种责任场合下都必定存在的要素"。具体而言，包括了行为、因果关系以及对权利的侵害（Verletzung）。对事实构成的考察是认定侵权的第一个步骤，这是对事实的认定，其中不

---

① 见［德］迪特尔·梅迪库斯《德国债法总论》，杜景林、卢谌译，法律出版社 2004 年版，第583—584 页，"许多损害赔偿请求权源自侵权行为法（第 823 条以下）和危险责任法"。

② ［德］埃尔温·多伊奇、［德］汉斯－于尔根·阿伦斯：《德国侵权法——侵权行为、损害赔偿及痛苦抚慰金》，叶名怡、温大军译，中国人民大学出版社 2016 年版，第 7—8 页。

掺杂任何价值的判断。在事实构成中，行为与对权利的侵害之间的因果关系称为"责任成立因果关系"，或者说叫"侵害（Verletzung）的因果关系"。例如甲打伤乙，乙被侵害的权利（或者说法益）为其身体健康权。责任成立因果关系考察的即甲的行为与乙的法益受侵害之间的因果关系。[①]

在事实构成考察完成之后，即进行违法性判断，这是一种带着价值判断的评价。事实构成是评价的对象。当在法律上对事实构成给予否定性的评价时，即意味着违法性成立，有时候须就个案依利益衡量原则加以认定。

在认定了违法性之后，再就具有违法性的行为认定行为人是否具有主观过错。这将决定是否将被否定性评价的行为归责为行为人的责任。在德国，过错被划分为故意和过失两个大的类别。故意是指"行为人意识到其行为后果，并认识到其行为的违法性，却在意志上接受此后果"。这一概念包括了间接故意，即对后果持容忍或默许态度。仅仅有对事实构成的认识是不够的，只有既认识到事实构成的实现，又认识到违法性，才是故意非法行为。当行为人对违法性缺乏认识时，即出现对违法性的认识错误（Verbotsirrtum）问题。德国传统民法认为这将排除故意的存在，其行为可以被归为过失。在民法上，故意和过失的区别并不如刑法中那么重要。[②]

德国民法典276条（2）规定"疏于尽交易上必要的注意的人，即系有过失地实施行为"[③]。德国理论上将注意义务区分为外在注意和内在注意。只有当外在注意和内在注意均被违反时，才存在过失。所谓外在注意，主要体现在当事人的行为需要达到一定的外在、客观上的标准，尤其是存在着法律或者其他行政规范时（例如对于开车最高时速的要求）。内在注意表述的是一种智力—情绪过程，建立在对事实构成要件可能成为现实的认识基础上。德国侵权法理论上的过失，同样涉及对事实构成和违法性的认识。如果在适用正常的内在注意时，对实施前提或法律评价的认识

---

① 同上，第13、27—25页；王泽鉴：《侵权行为》，北京大学出版社2009年版，第86—87、183—184页。

② 见［德］埃尔温·多伊奇、［德］汉斯－于尔根·阿伦斯《德国侵权法——侵权行为、损害赔偿及痛苦抚慰金》，叶名怡、温大军译，中国人民大学出版社2016年版，第56—57页。

③ 《德国民法典》，陈卫佐译，法律出版社2015年版，第93页。

错误是不可避免的，则过失也会被排除。①

当上述三个要件均得到满足，则认为侵权已经构成。在这一前提下，再开始讨论责任范围的要素问题。对这个问题的讨论，涉及责任范围的因果关系，即被侵犯的权利和损害之间需要具有的因果关系。然而，并非因被侵犯的权利而引起的每一个损害都需要得到赔偿。德国法利用"相当因果关系"的规则来限定赔偿的范围。如果某行为有责地、违法地导致了某项侵害，只有由此引发的相当的损害才能获得赔偿。② 这比较类似于英美法上"法律上的原因"（proximate cause）的概念。③

对于不以过错为要件的危险责任而言，德国学者一般认为其构成需包括三个积极要件：危险、危险的实现以及不存在不可抗力。过错责任中讨论的很多要件，例如违法性、过错、被侵害的权利与损害之间的相当因果关系等，对于危险责任而言，属于"非必要的，但存在也无害的前提条件"。

二、德国民法中的共同侵权规则

德国民法中关于共同侵权的条款规定在 830 条。830（1）规定："数人因共同实施侵权行为造成损害的，各人对损害均负责任。不能查明数关系人中谁的行为造成损害的，亦同。"830（2）规定："教唆人和助手视为共同行为人。"对德国民法典 830（1）的第 1 句，德国学者将其称为共同侵权（Mittäterschaft），王泽鉴教授称之为"狭义共同侵权"；830（2）则被称为参与侵权（Teilnahme），王泽鉴教授称之为"造意或帮助"；830（1）第 2 句，被称为择一侵权（Alternativtäterschaft），王泽鉴教授称之为"共同危险行为"。

对于共同侵权与参与侵权，直接来自德国刑法上关于共同正犯、教唆犯和帮助犯的规定，属于 830 条的"刑法成分"。因此，通说亦对这

---

① 见［德］埃尔温·多伊奇、［德］汉斯－于尔根·阿伦斯《德国侵权法——侵权行为、损害赔偿及痛苦抚慰金》，叶名怡、温大军译，中国人民大学出版社 2016 年版，第 57—59、61—62 页。

② 见［德］埃尔温·多伊奇、［德］汉斯－于尔根·阿伦斯《德国侵权法——侵权行为、损害赔偿及痛苦抚慰金》，叶名怡、温大军译，中国人民大学出版社 2016 年版，第 26—27、207—208 页。

③ 王泽鉴：《侵权行为》，北京大学出版社 2009 年版，第 186 页。

两条采用刑法的标准进行解释，即是说，行为人的主观状态必须达到故意的程度。① 另外，对于狭义共同侵权（Mittäterschaft），德国通说认为，共同行为人之间需具有意思上的联络，方可构成。②

择一侵权属于830条的"民法成分"。仅以数人参与一个侵权行为为前提条件，并不要求有意识并且所意欲的共同作用，不要求故意作为主观要件。这一规定的目的主要是除去受害人的证明困境，将在证明困难时的举证责任转移给被告方，由他来证明自己不应当对损害负责。③

我们看到，德国通说认为830（1）第1句是以当事人具有主观上故意、行为人之间具有意思联络为要件的。但是如果当事人的主观状态为过失，或者彼此间并无意思联络而造成了同一损害，则830条就不再适用（这种情况并非不能查明谁引起了损害，因此也不适用830条（1）第2句的规定）。对此，德国是根据840（1）来处理，该条规定"数人须就同一损害并为负责者，应以连带债务人负责"④。可见，这一条实际上是一个责任承担方式的条款。德国将此条适用在多人侵权导致同一损害后果的情况下，包括前述的狭义共同侵权、参与侵权以及择一侵权。还包括了同时侵权（Nebentäterschaft）的情形，即两个或多个人对同一损害负责，他们的行为构成侵害的共同原因。⑤ 这其中最为典型的就是多个行为人因其共同过失，导致同一损害结果。即加害人已明，仅加害部分不明者（即造成同一损害），各加害人负连带责任。⑥ 对于同时侵权，当事人之间无须具有意思联络，其主观状态可以是故意，也可以是过失。

---

① ［德］迪特尔·梅迪库斯：《德国债法分论》，杜景林、卢谌译，法律出版社2007年版，第761页。

② 王泽鉴：《侵权行为》，北京大学出版社2009年版，第354页，"《德国民法》第830条第1项前段，所称……gemeinschaftlich……德国通说认为，此指有意思联络而言……"

③ ［德］迪特尔·梅迪库斯：《德国债法分论》，杜景林、卢谌译，法律出版社2007年版，第761—761页；又 ［德］埃尔温·多伊奇、［德］汉斯－于尔根·阿伦斯：《德国侵权法——侵权行为、损害赔偿及痛苦抚慰金》，叶名怡、温大军译，中国人民大学出版社2016年版，第75页。

④ 此引用王泽鉴教授的翻译。见王泽鉴《侵权行为》，北京大学出版社2009年版，第355页。

⑤ ［德］埃尔温·多伊奇、［德］汉斯－于尔根·阿伦斯：《德国侵权法——侵权行为、损害赔偿及痛苦抚慰金》，叶名怡、温大军译，中国人民大学出版社2016年版，第72页。

⑥ 见王泽鉴《侵权行为》，北京大学出版社2009年版，第355页。

第二节　1981年之前德国
专利法的侵权体系架构

德国1981年根据最终未能生效的《共同体专利条约》，对其专利法进行了大幅度的改革。在此之前，德国专利法关于专利侵权的规定仅体现在第6条。该条规定："专利权的效力在于仅专利权人有权在商业上制造、投入市场、持有或使用发明创造的客体。如果是对一个方法授予的专利，则效力亦延伸至根据该方法直接生产的产品。"[①]　这里所谓的"发明创造的客体"，包括了产品专利和方法专利两种情形。

可以看到，1981年之前的专利法，仅仅对我们所说的直接侵权的行为进行了规定，在专利法条文中并未就现在所谓的间接侵权的情形予以明确。

一、德国间接侵权理论的发展

（一）帝国法院时期

实际上，德国的间接侵权理论规则，在1981年之前一直是司法上确立的一个规则。这一规则可以追溯到帝国法院1888年的Bremsklotz I案和1890年的Bremsklotz II。[②]　在该案件中，帝国法院确认了当供货方与买方的行为构成刑法规定的共同故意行为（gemeinsames vorsätzliches Handeln von Lieferant und Abnehmer）时，即买方的其他行为和供货方的供货行为一起达成了刑法意义上的共犯标准，这时候供货方才构成专利侵权。

[①]　Patentgesetz（in der Fassung vom 2. Januar 1968），§6，"Das Patent hat die Wirkung, daß allein der Patentinhaber befugt ist, gewerbsmäßig den Gegenstand der Erfindung herzustellen, in Verkehr zu bringen, feilzuhalten oder zu gebrauchen. Ist das Patent für ein Verfahren erteilt, so erstreckt sich die Wirkung auch auf die durch das Verfahren unmittelbar hergestellten Erzeugnisse. "

[②]　Von Rainer Klaka, "Die mittelbare Patentverletzung in der deutschen Rechtspraxis", *Gewerblicher Rechtsschutz und Urheberrecht*（*GRUR*）, 1977, p. 338, "Beide Entscheidungen bejahen eine Patentverletzung nur dann, wenn zu den Lieferungshandlungen noch zusätzliche Merkmale strafrechtlicher Tatbestände treten（gemeinsames vorsätzliches Handeln von Lieferant und Abnehmer）. "

德国刑法典第 25 条至 31 条是对正犯与共犯的规定。其中第 25 条规定：（1）自己实施犯罪，或通过他人实施犯罪的，依正犯论处；（2）数人共同实施犯罪的，均依正犯论处（共同正犯）。第 26 条规定：故意教唆他人故意实施违法行为的是教唆犯。对教唆犯的处罚与正犯相同。第 27 条规定：（1）对他人故意实施的违法行为故意予以帮助的，是帮助犯。（2）对帮助犯的处罚参照正犯的处罚，并依第 49 条第 1 款减轻其刑罚。①

在帝国法院做出前述判决时，德国民法典尚未开始实施（德国民法典于 1900 年 1 月 1 日实施）。在德国民法典制定时，关于共同侵权的条款吸收了刑法的表述。② 德国民法第 830 条规定："（1）数人因共同实施侵权行为造成损害的，各人对损害均负责任。不能查明数关系人中谁的行为造成损害的，亦同。（2）教唆人和助手视为共同行为人。"③

在共同侵权的理论方面，德国联邦最高法院也一直把刑法中共犯规定的理论视为德国民法第 830 条的理论。④ 因此，德国民法通说和实践均认为共同侵权仅在行为人的主观方面属于"故意"时才能构成。⑤ 例如联邦最高法院的一个判例谈到，按照德国民法 830 条的要求，仅仅知道侵权事实是不够的，还需要有与他人共同实施行为或将其作为外在行为予以推动

---

① 《德国刑法典》，徐久生、庄敬华译，中国方正出版社 2004 年第 1 版，第 11—12 页。需说明的是，帝国法院在这两个判例中所提及的刑法是指 1871 年 5 月 15 日实施的《德意志帝国刑法典》。德国现代刑法基本渊源于该刑法典，主要的变化集中在关于刑罚和分则部分。关于共同犯罪问题上的规定，与 1871 年的帝国刑法典保持一致。见该书序言部分。

② ［德］埃尔温·多伊奇、［德］汉斯－于尔根·阿伦斯：《德国侵权法——侵权行为、损害赔偿及痛苦抚慰金》，叶名怡、温大军译，中国人民大学出版社 2016 年版，第 73 页，"《德国民法典》第 830 条吸收了当时刑法的表述方式，即，当多数人通过一个共同实施的不法行为造成同一个损害时，就存在共同侵权。"

③ 《德国民法典》，陈卫佐译，法律出版社 2015 年版，第 319 页。

④ " Schadensersatzpflicht von Demonstranten fürnicht nur kurzfristige Blockade einer Baustelle-Gewerbepark", *Neue Juristische Wochenschrift（NJW）*, 1998, p. 381—382, " Zutreffend geht das BerGer. im Ansatz davon aus, daß sich die Beurteilung, ob sich jemand als Mittäter oder Gehilfe im Sinne der genannten Bestimmungen an einer die zivilrechtliche Haftung begründenden deliktischen Verhaltensweise beteiligt hat, nach den für das Strafrecht entwickelten Rechtsgrundsätzen richtet（vgl. BGHZ 63, 124［126］= NJW 1975, 49 = LM § 830 BGB Nr. 19；BGHZ 89, 383［389］= NJW 1984, 1226 = LM § 830 BGB Nr. 24）."

⑤ ［德］埃尔温·多伊奇、［德］汉斯－于尔根·阿伦斯：《德国侵权法——侵权行为、损害赔偿及痛苦抚慰金》，叶名怡、温大军译，中国人民大学出版社 2016 年版，第 73 页，"通说和审判追随刑法理论，共同侵权仅在故意时才构成。"

之"意愿"。① 也即和刑法中的共犯的要求一样，要构成民法中的共同侵权，行为人在主观方面需要具有"知道"和"意愿"两个层次，这明显是属于"故意"的认定标准。

在德国法律术语下，"故意"是指行为人意识到其行为后果，并认识到其行为的违法性，却在意志上接受此后果。这个概念包含着对侵害事实的意识与认同，也与违法性有关。只有既认识到事实的实现，又认识到违法性，才是故意非法的行为。②

可以看到，在某人的行为并未实施专利权利要求所有技术特征的情况下是否承担责任，德国法院最开始的判决是依据共同侵权理论。这一理论对行为人的主观方面提出"故意"的要求，即每个行为人（包括提供未实施权利要求所有特征的产品的人，以及购买该产品而最终实施权利要求所有技术特征的人）都要既认识到其行为会造成实施权利要求所有技术特征的事实，也要认识到其行为的违法性。这对原告提出了很高的证明要求，因为有任何一方不具有"故意"这一主观要件时，专利侵权均无法构成。

之后德国判例的发展，主要集中在对侵权者（尤其是供货方）主观要件的讨论上。因为如果按照传统的共同责任的主观要求（无论是刑事上的还是民事上的），专利权人往往很难证明供货方的主观状态。③

在 1921 年的 Aluminum welding 案中，帝国法院在专利共同侵权案件中弱化了传统刑事和民事法律中关于共同侵权的主观要件的要求。在该案中，帝国法院认为供货方（即所提供的产品并未全部实施权利要求所有技术特征的一方）只要"知道其客户将会如何使用他的产品"并且"客

---

① "Schadensersatzpflicht von Demonstranten fürnicht nur kurzfristige Blockade einer Baustelle-Gewerbepark", *Neue Juristische Wochenschrift*（*NJW*），1998，p. 382，"Die Teilnahme verlangt demgemäß neben der Kenntnis der Tatumstände wenigstens in groben Zügen den jeweiligen Willen der einzelnen Beteiligten, die Tat gemeinschaftlich mit anderen auszuführen oder sie als fremde Tat zu fördern."

② 见［德］埃尔温·多伊奇、［德］汉斯－于尔根·阿伦斯《德国侵权法——侵权行为、损害赔偿及痛苦抚慰金》，叶名怡、温大军译，中国人民大学出版社 2016 年版，第 55—56 页。

③ Von Rainer Klaka，"Die mittelbare Patentverletzung in der deutschen Rechtspraxis"，*Gewerblicher Rechtsschutz und Urheberrecht*（*GRUR*），1977，p. 338，"Bald wurde erkannt, daß die im Zivil-und Strafrecht geltenden allgemeinen Täterschafts-und Teilnahmeregeln oft dem Pat. Inh. nichts nützen, da die subjektiven Voraussetzungen bei Lieferanten häufig nicht vorliegen und kaum beweisbar sind."

户仅需对侵害专利权有重大过失（grob-fahrlässige）"，则供货方即可以构成专利侵权，无须对供货方的主观状态进行其他的证明。①

在1938年的Befeuchtungsvorrichtung für Textileinzelstücke案中，帝国法院判决销售（未完全实施权利要求技术特征）的设备的行为只有在该设备适于（geeignet）专利侵权，且尽管供货商知道购买者未经授权的使用意图，他仍实际或有意愿提供货物时，才构成专利侵权。但如果该设备可能的使用方式不限于前述使用方式时，则销售者的主观方面的要求就得不到满足，因此销售该设备的行为不能构成侵权。②

在1940年的Aluminium-Oxydation中，帝国法院判决，方法专利的专利权人如果主张销售设备以供他人执行其专利方法的供货商构成专利侵权，必须证明在供货时，供货商知道购买者的使用意图，且这种"知道"仅需涉及用户使用的方式（die Art der Verwendung）即可，无须涉及专利侵权方面的内容。③换句话说，原告无须证明被告的主观方面具有违法性这一"故意"主观状态所要求的要素。法院认为这种理论下，实际上原告只需要证明供货商对专利保护或者用户是否获得了授权这样的事实认识存在"过失性的疏忽"（fahrlässige Unkenntnis）就足够了。④

由以上介绍我们可以看到，在帝国法院时期，德国已经发展出一套有关专利间接侵权的制度，这套制度相对独立于传统的共同侵权制度。其独立性主要表现在对行为人主观要件的要求上。传统的共同侵权制度要求所

---

① Id., p. 338, "Eine Lieferung in Kenntnis des Verwendungszwecks und eine nur grob-fahrlässige Unkenntnis bezüglich der Verletzung durch den Abnehmer wurde als ausreichend angesehen, auf den Nachweis des Vorsatzes beim Lieferanten also verzichtet."

② "Befeuchtungsvorrichtung für Textileinzelstücke", *Gewerblicher Rechtsschutz und Urheberrecht* (*GRUR*), 1938, p. 330, "Der Vertrieb der Vorrichtung kann eine Patentverletzung nur darstellen, wenn die Vorrichtungen für eine in dem dargelegten Sinn patentverletzende Verwendung geeignet waren und wenn der Lieferant trotz Erkenntnis der möglichen Absicht solcher (unbefugten) Verwendung die Lieferung bewirkt hat oder bewirken wollte. Die danach in Betracht kommenden subjektiven Gesichtspunkte werden in der Regel jedoch nicht bejaht werden können, wenn die mögliche Verwendung dem bestimmungsgemäßen Gebrauch fernliegt."

③ "Aluminum-Oxidation", *Gewerblicher Rechtsschutz und Urheberrecht* (*GRUR*), 1940, p. 94, "bei der Lieferung muß dem Lieferer die vom Erwerber beabsichtigte Verwendung bekanntgewesen sein. Seine Kenntnis braucht sich indessen nur auf die Art der Verwendung, nicht aber auf den damit begangenen Patenteingriff zu beziehen."

④ Id., 94, "Insoweit genügt auch fahrlässige Unkenntnis des Lieferers hinsichtlich des Patentschutzes oder der Befugnis des Erwerbers zur Patentbenutzung."

有参与人都对侵权事实的发生及其违法性达到"知道且有意愿"，即"故意"的程度。而帝国法院对"共同"专利侵权中当事人主观方面的认定标准大大降低。这表现在：

间接侵权人（往往是供货商）的主观状态可以是过失的形式，他只需要知道购买者的使用意图即可能构成侵权，不需要对购买者的使用行为的违法性知道并且有意愿；

直接侵权人（往往是购买者）的主观状态可以不必考虑。虽然在 Aluminum welding 案中，帝国法院强调"客户需对侵害专利权有重大过失（grob-fahrlässige）"，但在之后的案件中，均把论述重点放在间接侵权人与直接侵权人之间的主观方面的联系上（subjektive Verknüpfung），[①] 而对直接侵权人主观状态的证明不做实质性要求。

（二）联邦法院时期

帝国法院的接替者——德国联邦最高法院则进一步把上述的主观要件"客观化"了。

在 1960 年的 Metallspritzverfahren 案中，联邦最高法院在关于方法专利侵权的案件中引入了"具有'发明功能个性化'（erfindungsfunktionell individualisiert）的产品"这一概念。在该案中，被告所销售的产品既可以被其客户按照专利方法来使用，也可以以其他方式使用，属于具有发明功能个性化的产品。德国联邦最高法院承认在这种情况下，认定被告构成侵权仍然要以其主观状态为要件，即被告"知道"（wissen），"预期"（damit rechnen）或"由于疏忽而未能知道"（infolge von Fahrlässigkeit nicht wissen）"专利的存在以及其客户会或有可能使用其产品来实施专利"。[②] 但对于这一主观要件的证明，法院通过给被告施加一个行为上的义务而使其客观化，即要求被告"告知其客户可能存在专利侵权的情况

---

① Von Rainer Klaka, "Die mittelbare Patentverletzung in der deutschen Rechtspraxis", *Gewerblicher Rechtsschutz und Urheberrecht* (*GRUR*), 1977, p. 338, "...Krauße, der sowohl den zweiaktigen Vorgang (the two-act operation) (keine mit. PV. ohne unmit. PV.) als auch die subjektive Verknüpfung zwischen beiden Vorgängen bejahte... Die Rechtsprechung ging in die von Krauße gewiesene Richtung..."

② "BGH 08. 11. 1960 I ZR 67/59 'Metallspritzverfahren'", *Gewerblicher Rechtsschutz und Urheberrecht* (*GRUR*), 1960, p. 627, "Da der Draht sowohl patentfrei als auch patentverletzend verwendet werden kann, sind die Bekl. zur Unterlassung der Lieferung nur unter der weiteren Voraussetzung verpflichtet, daß sie wissen, damit rechnen oder infolge von Fahrlässigkeit nicht wissen, daß der Patentschutz besteht und die Abnehmer den Draht in patentverletzender Weise benutzen oder möglicherweise benutzen werden."

并且采取预防措施防止侵权的发生"①。如果被告未能做到这一点，则其仍然会被认定构成侵权，因而被禁止向其客户销售该产品。在四年后的 Formsand II 案中，德国联邦最高法院再次明确了该观点，并且指出所谓"具有发明功能个性化的产品"是指具有特殊设计而能用于实施方法专利，从而使其区别于其他普通产品的产品。在该案中，被告认为其所销售的沙土并不符合"具有'发明功能个性化'的产品"这一认定间接侵权的法律要件。但最高法院对此予以了否认。最高法院指出被告所销售的沙土中含有粒状的海绿石，因而"不同于普通用于造模的沙土"。正是由于这一原因，使得其适用于专利方法，因此被告的理由是站不住脚的。②

对于产品专利，涉及的是被告销售部件，而该部件被其客户用于制造专利产品的情形。联邦最高法院在 1961 年的 GewinderolIkopf 案中认为要认定被告销售的备件（Ersatzteile）侵权，该备件必须是"组合整体的具有功能个性化的部件"（erf1ndungsfunktionell individualisierte Glieder der Gesamtkombination）。要成为这样的部件，其必须"根据发明创造做出特别的调整"（erfindungs funktionell angepaßt worden sind）而不能是"中性部件"（neutralen Teile），即那些虽然可以用于构成专利产品，但其本身与专利并无任何联系的部件，如普通的螺丝等。③ 同时根据 Formsand II 的观点，很显然这时候"组合整体的具有功能个性化的部件"并不是指"除了用于组成专利产品之外别无用处"的部件，而只需要其与专利产品有特定联系即可，至于其是否可以用于其他非侵权用途则在所不问。

---

① Id. , p. 627, "Die Unterlassungspflicht ist allerdings dahin einzuschränken（The negative obligation is, however, limited to this）, daß der Lieferer den Gegenstand vertreiben darf（that the supplier may distribute the item）, wenn er dem Abnehmer die patentverletzende Nutzungsmöglichkeit bekanntgibt und durch geeignete Maßnahmen ernstliche Vorsorge gegen eine patentverletzende Benutzung trifft. "

② BGH 30. 04. 1964 Ia ZR 224/63 "Formsand II", *Gewerblicher Rechtsschutz und Urheberrecht（GRUR）*, 1964, p. 496, "Dieser Angriff ist unbegründet. . . Der Sand, den die Bekl. in ihren Gruben gewinnt, enthält-im Unterschied zu sonstigen als Formsandverwendeten Sanden-unstreitig Glaukonit in körniger Form. Er ist gerade und nur infolge dieser Eigenschaft geeignet, für ein Aufbereitungsverfahren der durch das Klagepatent geschützten Art verwendet zu werden. "

③ BGH：BGH 17. 03. 1961 I ZR 94/59 "GewinderolIkopf", *Gewerblicher Rechtsschutz und Urheberrecht（GRUR）*, 1961, p. 469.

从以上的分析可以看到，德国联邦法院进一步发展了帝国法院时期的间接侵权理论，将对间接侵权人的主观状态的考察转变为了考察被控产品和专利之间的技术关系。① 如果特定的技术关系成立，则被告只能通过证明自己在销售时"告知了其客户可能存在专利侵权的情况并且采取预防措施防止侵权的发生"来证明自己不具备主观过错。

二、直接侵权与间接侵权的关系

上述的判例中，都存在着如下的情形：被告的客户自己的行为将会或者很可能会构成德国专利法第6条下的侵权行为。由于德国专利法并未将间接侵权独立出来，而是仅仅将其看作一种特殊的侵权参与形式，联邦最高法院认为只有在被告的客户实施了直接侵权行为，或者存在"相应的很大风险"（entsprechende erhebliche Gefährdung），或者存在客户将会侵犯专利权的"可能性"（Wahrscheinlichkeit）或"担忧"（Besorgnis）时被告才可能构成间接侵权。②

然而，1981年之前的德国专利法第6条有一个限定条件，即相关行为必须属于"在商业上"的行为。也就是说，"在商业上"属于第6条规定的直接侵权行为的一个构成要件，如果某一被控侵权人不符合该构成要件，则其不能构成第6条下的直接侵权。典型的，如消费者为自己生活或享受之目的而使用专利方法或者专利产品，则因其行为不满足第6条的构成要件而不构成侵权。那么在这种情况下，对于传统意义上的间接侵权人的行为，是否还能够作为专利间接侵权予以禁止呢？

对于间接侵权行为的禁止，德国法院长期以来的逻辑是要在源头截断专利直接侵权行为，从而保护发明创造。如德国联邦最高法院在Metallspritzverfahren案中即认为，该制度基本的立足点是要"从根上铲除

---

① Von Rainer Klaka, "Die mittelbare Patentverletzung in der deutschen Rechtspraxis", *Gewerblicher Rechtsschutz und Urheberrecht* (*GRUR*), 1977, p. 339, "Der BGH weicht von der Rechtsprechung des RG ab, welche von der statistischen Wahrscheinlichkeit bezüglich möglicher Patentverletzungen ausging und setzt dafür einen objektiven Maßstab, für den allein die technische Beziehung zwischen dem gelieferten Mittel und der geschützten Erfindung maßgeblich ist."

② Id., p. 340.

未被发现的专利侵权之恶"①。因此，有学者从这一立场出发，认为即使使用专利方法或专利产品的人是消费者，不构成专利法第 6 条的侵权，但提供实施专利方法的产品或专利产品零部件的供应商仍然应构成间接侵权。因此，"供应商符合'商业上'这一构成要件足矣"②。

但德国联邦最高法院在 1981 年最后一次适用旧专利法审查间接侵权案件——Rigg 案时，否认了这一观点。该案涉及的是一种用于帆板的操作装置专利。被告生产了一种船帆，具有专利权利要求中的某些特征。该船帆既可以与其他部件结合形成专利产品，也可以做非侵权用途。法院认为其属于"组合整体的具有功能个性化的部件"。但由于被告的客户都是普通的消费者，其将该部件和其他部件组合形成专利产品使用的行为不符合专利法第 6 条的构成要件，这进而导致了专利间接侵权的要件得不到满足——因为其要求"销售和分发产品需导致客户进行侵权性使用的风险要足够强（stark）"，③ 而普通消费者显然不可能进行侵权性使用。

三、德国间接侵权理论的框架

根据以上对德国自 1888 年以来相关判决的回顾和梳理，我们可以对 1981 年德国修改专利法之前的侵权架构做如下的理解。

第一，与美国专利法中通过 271（a）、271（b）和 271（c）对直接侵权和间接侵权进行了明确规定不同，德国这一时期的专利法仅在第 6 条规定了四种所谓的直接侵权行为，即在商业上制造、投入市场、持有或使

---

① "BGH 08. 11. 1960 I ZR 67/59 'Metallspritzverfahren'", *Gewerblicher Rechtsschutz und Urheberrecht*（*GRUR*），1960，p. 627，"Dem liegt der Gedanke zugrunde, das Übel unentdeckt bleibender Patentverletzungen an der Wurzel zu fassen."

② Von Rainer Klaka，"Die mittelbare Patentverletzung in der deutschen Rechtspraxis"，*Gewerblicher Rechtsschutz und Urheberrecht*（*GRUR*），1977，p. 340，"Sieht man das Rechtsinstitut der mit. PV. als ein Mittel an, das 'Übel bei der Wurzel' zu fassen, dann reicht es aus, wenn der Lieferant gewerbsmäßig handelt."

③ "BGH：Begriff der mittelbaren Patentverletzung nach altem Recht-Rigg"，*Neue Juristische Wochenschrift*（*NJW*），1982，p. 995，"Erst mit dem Feilhalten und dem Vertrieb eines Mittels konkretisiert sich die Gefahr patentverletzender Verwendung durch die Abnehmer so stark, daß es gerechtfertigt ist, unmittelbar gegen den mittelbaren Benutzer vorzugehe."

用。而所谓的间接侵权行为（例如提供物品等），被视为对上述四种行为的"共犯"（Beteiligung）。其来源是德国刑法中的共同正犯理论以及以此为基础的德国民法上的共同侵权理论。这种理论下，数个侵权行为人被视为一个整体，通过共同实施的不法行为造成同一损害，对外承担连带责任。因此，在德国法的语境下，间接侵权人（一般而言是供应商）是与直接侵权人（一般而言是客户）在整体意义上共同实施了专利，造成专利侵权这同一损害结果。而如笔者在本书第一章所论述的，美国法院目前是把直接侵权［271（a）］和间接侵权［271（b）及271（c）］做了严格的分割，虽然在责任承担上，直接侵权人与间接侵权人之间也要承担连带责任（joint liability），但在逻辑上这两者并非是在共同实施271（a）所说的"制造、使用、许诺销售、销售或进口"。这些行为只是直接侵权人实施的，间接侵权人不是在"参与"，而是在从事271（b）或271（c）项下的行为。因此，可以说在这一时期，德国法下的间接侵权相对于直接侵权，并不如在美国法下具有那么强的独立性。

第二，虽然德国的间接侵权制度是基于共同正犯或共同侵权理论而来的，但德国最高法院在近百年的司法实践中，已经对其做了相当大的改变。这主要表现在对主观要件要求的不断降低，并使其趋于客观化。德国法院认为这种形式的共同侵权并不能被传统的正犯（Täterschaft）及共犯（Teilnahme）类别所涵盖，因为大多数情况下，直接侵权人与间接侵权人并不存在行为上的联合协同关系（Zusammenwirken）。①

德国联邦最高法院一方面认为间接侵权是一种"共犯"（Beteiligung），另一方面又认为这种侵权不是传统的"正犯与共犯"（Täterschaft und Teilnahme）。"正犯与共犯"是德国刑法典第二章第三节的标题，该标题下包括第25至31条，其中第29条至31条使用的"Beteiligung"一词亦被我国学者翻译为"共犯"。②可见，间接侵权根源

---

① Id. , p. 995, "... die aber mit den herkömmlichen Kategorien von（Mit）Täterschaft und Teilnahme nicht erfaßt werden können，weil es zumeist an einem Zusammenwirken zwischen dem mittelbaren und dem unmittelbaren Verletzer fehlt. "

② 见《德国刑法典》，徐久生，庄敬华译，中国方正出版社2004年版，第11—12页及对应德文刑法典。另外，有学者认为"Beteiligung"翻译为"参与犯"更为合适，以区别于"Teilnahme"，但我国大陆及台湾的大部分学者仍将其译为"共犯"。见李岚林《论对向犯的形成结构》，《广西政法管理干部学院学报》2014年第2期。无论如何，刑法学者这种翻译上的差异并不影响本书的讨论。

于刑法的共犯理论，但又与其存在差异，故被德国法院称为一种对专利法第 6 条所规定的"四种行为的特殊形式的共犯"[①]。

四、对多主体分别侵权问题的态度

在这一时期，德国法院并没有就我们在第一章中所讨论的多主体分别侵权问题进行过判决。我们去推测德国法院当时遇到这种案件时的处理态度，总是非常主观的。但我们不妨从当时德国联邦最高法院的已有判决中，归纳出一些对这一问题可能有影响的要点并作出一些猜测。

首先，德国联邦最高法院强调间接侵权并不独立于专利法第 6 条，即应以直接侵权的存在或具有很大可能存在为前提。这就涉及如何认定直接侵权，即直接侵权的构成要件。德国专利法第 6 条规定了"商业上"及四种行为，因此如果不满足"商业上"这一要件，则无法构成直接侵权，因而不存在间接侵权，这是 Rigg 案明确的。但直接侵权还有另外一个要件即"全面覆盖"——要求权利要求的所有技术特征都被执行。关键问题在于，是否只要所有技术特征都被执行，并且满足第 6 条其他规定的情形下，就可以算作侵权？如果存在多个主体，某些主体执行其中一些特征，另一些执行其他特征，这是否可以算作满足"全面覆盖"原则？美国法院通过引入单一主体原则，认为专利方案被完整执行本身，并不足以认定侵权或者符合全面覆盖原则。只有在执行是由单一主体（包括多主体但各方存在控制关系或合营关系的情形）下，该要件才得以满足。

所以，问题的关键点，就在于德国是否认为专利方案被完整地执行，就可以视为第 6 条下的专利侵权？正如我们上文所阐述的，德国人是把间接侵权看作一种特殊的共同侵权形式——特殊之处在于对行为各方的主观状态的要求，而不在于不法行为或损害方面，在这样一种背景下，很自然德国法院在一个案件中，重点是去考虑是否第 6 条所规定的行为出现了。至于是一人单独的行为还是多人的行为，不是德国法院需要考察的内容。因为对共同侵权是否存在的考察是与对第 6 条规定的行为的考察不可分割的。只要认定了存在对专利保护的客体在商业上制造、投入市场、持有或

---

① "BGH：Begriff der mittelbaren Patentverletzung nach altem Recht-Rigg", *Neue Juristische Wochenschrift* (*NJW*), 1982, p. 995, "... eine besondere Form der Beteiligung an einer dieser vier Benutzungshandlungen."

使用上的行为或出现这些行为的极大的可能性，并且间接侵权人对此具有过错（包括了故意或过失），则这种特殊形式的共同侵权就成立了。同样的原因，在这一过程中，当其中某个参与人并非是出于商业目的时，由于第6条规定的行为并不存在——不可能出现"在商业上"制造、投入市场、持有或使用发明创造客体的行为，因而这种特殊形式的共同侵权也就不成立了。因此，笔者认为德国法院重点考察的仍是专利方案本身是否被执行，至于是否一定要被某个单一主体执行，则无关紧要。

这样，如果此时德国出现 Akamai 案那样的情形，法院只需要考虑专利权人的技术方案是否被完整地执行，并考察被告在完成了一部分行为后，主观上是否"知道"其行为会导致其他的主体执行专利方法的其他步骤，从而使得方法权利要求的所有技术特征均被执行。如果能够证明到这个程度，则足以导致其承担侵权责任。而如果被告还向其他主体提供了用于执行这些其他步骤的设备时，则可以构成帮助侵权。

第三节 1981 年之后德国专利法的侵权体系架构

一、德国专利法规定的侵权形式

1981 年，德国大幅度修改了其专利法，在专利法中将之前通过判例形成的所谓间接侵权制度一定程度上独立出来。

现行的德国专利法第9条规定："专利具有如下的法律效果，即仅专利权人有权在法律范围内使用其专利发明。未经专利权人同意的情况下，任何第三方不得（1）制造、提供、将其投入市场或者使用专利题下的产品，亦不得为上述目的而进口或者持有该产品；（2）不得使用专利主题下的方法，或者，如果第三方知道或周围的情形已清楚表明在未获得专利权人同意的情况下对该方法的使用是法律所禁止的，则不得在本法所规定的地域范围内提供该方法；（3）不得提供、将其投入市场或者使用专利主题下的方法所直接获得的产品，亦不得为上述目的而进口或持有该产品。"

第10条规定，"（1）专利还进一步具有如下法律效力，即未经专利权人同意，任何第三方，如果其知道或者周围的情形已清楚表明某涉及发明关键特征手段适于且将被用于实施发明，则其不得在本法的地域范围内向有权实施专利发明的人之外的主体提供或许诺提供该手段以使其在本法地域范围内使用本专利。（2）本条第（1）款不适用于可一般性获得的商品，除非该第三方诱导产品的被提供方实施第9条第2句所禁止的行为。（3）实施第11条第1至3项所列行为的人在本条第1款的意义下，不应被视为有权实施专利发明的主体"。

而第11条第1至3项包括了如下的行为：（1）私人非商业目的的行为；（2）与专利发明主题有关的以实验为目的的行为；（3）根据医疗处方，针对单独的病例进行临时配药的行为，或者与该等配药行为有关的行为。

从第10条中的规定"专利还进一步具有如下法律效力"以及强调"未经授权之人实施本专利发明"这两项规定可以看到，第10条规定的行为是独立于第9条的。第10条规定具有单独的法律效力，针对的是向"未经授权之人实施本专利"提供便利或者对其进行诱导。要注意的是，"未经授权之人实施专利"的行为不等于是"侵权行为"，第10条在此并未以"侵权行为"来表述，这与传统的共同侵权行为规定有着性质上的不同。

1981年之前，德国专利法的共同侵权理论来源于德国刑法的共犯理论。德国刑法第25条（2）规定"数人共同实施犯罪的，均依正犯论处"；第26条规定"故意教唆他人故意实施违法行为的是教唆犯。对教唆犯的惩罚与正犯相同"；第27条（1）规定"对他人故意实施的违法行为故意予以帮助的，是帮助犯"。在德国民法典颁布后，专利权作为一种民事权利，对其侵害应以德国民法典的侵权规定为基础。德国民法典第830条对共同侵权人的规定是："（1）数人因共同实施侵权行为造成损害的，各人对损害均负责任。不能查明数关系人中谁的行为造成损害的，亦同。（2）教唆人和助手视为共同行为人。"

可以看到，无论是德国刑法典还是德国民法典，在规定共同犯罪或共同侵权行为时，均以"犯罪"、"违法行为"来定性共同行为人或者被帮助或教唆的"他人"所采取的行动。这意味着，这些行为本身必须要具有违法性。也就是说，共同侵权行为或共同犯罪行为是以"行为的违法性之存在"作为前提的。而1981年之后的德国专利法第10条，却将"他人的"行为仅仅客观描述为"未经同意实施发明创造"（ohne Zustimmung des Patentinhabers …Benutzung der patentierten Erfindung），而未对其进行法律定性。这意味着，在判断第10条的侵权行为是否成立时，只需要关注发明创造是否已经被实施了并且实施者是否经过了专利权人的授权，至于这种行为是否属于侵权行为，则在所不问。

这样，德国专利法下的侵权行为就可以归纳为6种独立的侵权情形。

第9条规定了四种，即：

A. 在未取得专利权人同意的情况下，对专利主题的产品进行制造（herzustellen）、许诺销售（anzubieten）、将其投入市场（in Verkehr zu bringen）、使用（gebrauchen），或对其进口（einzuführen）或为上述之各项目的而持有（besitzen）该产品；①

B. 在未取得专利权人同意的情况下，使用（anzuwenden）专利主题的方法；②

C. 被诉侵权人明知或者周围的情形已清楚表明未获得专利权同意的情况下使用该方法是被禁止的，在未取得专利权人同意的情况下，却仍然在德国境内（向他人）许诺销售（anzubieten）该方法供其使用（Anwendung）；③

D. 在未取得专利权人同意的情况下，对专利主题的方法直接生产出的产品进行提供、将其投入市场、使用，或者进口或为上述目的持有该产品。④

第10条规定了两种：

---

① Patentgesetz（zuletzt geändert durch Gesetz vom 8. Oktober 2017），§9，"… Jedem Dritten ist es verboten, ohne seine Zustimmung 1. ein Erzeugnis, das Gegenstand des Patents ist, herzustellen, anzubieten, in Verkehr zu bringen oder zu gebrauchen oder zu den genannten Zwecken entweder einzuführen oder zu besitzen."

② Id., §9，"… Jedem Dritten ist es verboten, ohne seine Zustimmung …2. ein Verfahren, das Gegenstand des Patents ist, anzuwenden …"

③ Id., §9，"…Jedem Dritten ist es verboten, ohne seine Zustimmung …2. oder, wenn der Dritte weiß oder es auf Grund der Umstände offensichtlich ist, daß die Anwendung des Verfahrens ohne Zustimmung des Patentinhabers verboten ist, zur Anwendung im Geltungsbereich dieses Gesetzes anzubieten …"

④ Id., §9，"…Jedem Dritten ist es verboten, ohne seine Zustimmung …3. das durch ein Verfahren, das Gegenstand des Patents ist, unmittelbar hergestellte Erzeugnis anzubieten, in Verkehr zu bringen oder zu gebrauchen oder zu den genannten Zwecken entweder einzuführen oder zu besitzen."

E. 在未取得专利权人同意的情况下，在德国范围内，向有权实施专利发明之外的人提供或许诺提供有关发明创造实质性要素的手段［mittel（means）］以在德国范围内使用，并且被诉侵权人知道或者周围的情形已清楚表明该手段适合于并且将用于使用该发明，[①] 且该等手段并非是一般性可获得的商业性产品。[②]

F. 在未取得专利权人同意的情况下，在德国范围内，向有权实施专利发明之外的人提供或许诺提供有关发明创造实质性要素的手段［mittel（means）］以在德国范围内使用，并且被诉侵权人知道或者周围的情形已清楚表明该手段适合于并且将用于使用该发明，且被诉侵权人诱导该人从事上述 A—D 的行为。[③]

这里特别有必要对第 C 项的"许诺销售"做出一些解释。第 C 项针对的是对方法的应用行为，即许诺人答应第三人，第三人应用专利方法的行为将通过他自己而实现，或者许诺人唆使第三人应用专利。[④]

要注意的是，许诺人授予他人应用专利方法的许可，不构成这个意义上的"许诺销售"。"授予他人应用许可"的行为在 1981 年之前被视为将专利方法"投入市场"的行为这根据当时的专利法第 6 条，构成侵权。但在 1981 年之后，德国专利法取消了将方法专利"投入市场"的侵权行为，故做出许可本身并不构成侵权。很自然，这里的"许诺销售"也不能在"许诺会做出许可"这个意义上去理解。

另外，根据德国学者的论述，仅仅将实施专利方法的设备对外提供，

---

① Id. , §10, "（1）Das Patent hat ferner die Wirkung, daß es jedem Dritten verboten ist, ohne Zustimmung des Patentinhabers im Geltungsbereich dieses Gesetzes anderen als zur Benutzung der patentierten Erfindung berechtigten Personen Mittel, die sich auf ein wesentliches Element der Erfindung beziehen, zur Benutzung der Erfindung im Geltungsbereich dieses Gesetzes anzubieten oder zu liefern, wenn der Dritte weiß oder es auf Grund der Umstände offensichtlich ist, daß diese Mittel dazu geeignet und bestimmt sind, für die Benutzung der Erfindung verwendet zu werden. "

② Id. , §10, "（2）Absatz 1 ist nicht anzuwenden, wenn es sich bei den Mitteln um allgemein im Handel erhältliche Erzeugnisse handelt…"

③ Id. , §10, "（2）… in einer nach §9 Satz 2 verbotenen Weise zu handeln. " （"（2）… except where the third party induces the person supplied to perform any of the acts prohibited under section 9, second sentence. "）

④ ［德］鲁道夫·克拉瑟：《专利法——德国专利和实用新型法、欧洲和国际专利法》，单晓光、张韬略、于馨淼等译，知识产权出版社 2016 年版，第 950 页，"只有当任何人以这样的方式答应他人方法的应用，即该应用因通过许诺人自己实现或是被唆使的，才能存在许诺销售方法。"

也不构成这一项侵权行为。第 C 项的规定是与 1981 年之前专利法第 6 条 "投入市场" 的行为相联系的。在那时候，德国法院就明确认为 "在提供 '专利方法应用之手段' 这一行为中，还没有产生通过投放市场侵犯方法 专利的后果"。而 1981 年后的规定并没有扩大原来的基础，相反，意味着 "早期被视为侵害方法专利行为的一部分，[①] 不再被任何法定的事实构成 所包括"。[②]

究其实质，第 C 项规定的许诺销售，其实是一种鼓励、诱导、支持 的行为。

这样，我们可以看到，德国专利法并未像美国一样，在立法结构 上，对直接侵权与间接侵权有截然不同的划分。如果我们把 "直接实施 专利发明" 视为直接侵权行为，把 "帮助或者诱导他人实施专利发明" 视为间接侵权行为的话，上述第 A、第 B 和第 D 项侵权行为，是通常意 义上的直接侵权行为。而第 C、第 E 和第 F 项，是通常所说的间接侵权 行为。

作为间接侵权行为，C 和 E、F 相同点都是对行为人的主观状态提 出了要求，即明知或者推定其应知（"周围的情形已清楚表明"）。对于 知道的内容，具有两个相同点：首先，知道发明创造会被实施；其次， 知道实施者并没有得到专利权人授权。其不同点在于：第一，E 和 F 要 求行为人需要有一个具体的行为——提供 "手段"，而 C 并未对行为人 的具体行为形态做出规定；第二，对于主观状态的内容，E 和 F 并不要 求行为人知道或推定其应知实施者的行为具有违法性，而 C 要求行为知 道或推定其应知行为人的行为是 "法律所禁止" 的，也就是说，要对实 施者的行为的违法性有认识。

这第二点对主观状态内容要求的不同相当关键，因为正是这一点不 同，使得德国专利法第 10 条与德国刑法典第 26、第 27 条规定的帮助 犯、教唆犯，以及德国民法典第 830 条规定的帮助和教唆共同侵权区别 开来。专利法第 10 条规定的间接侵权行为，无须以真正实施专利发明 的实施者的行为具有违法性为前提，他只要实施了这一行为本身，则

---

① 主要指 "授予实施许可" 和 "承诺授予实施许可" 的行为。

② ［德］鲁道夫·克拉瑟：《专利法——德国专利和实用新型法、欧洲和国际专利法》，单晓光、张韬略、于馨淼等译，知识产权出版社 2016 年版，第 950—951 页。

帮助或诱导他的行为人即可能构成第 10 条下的专利侵权。也正是这个原因，致使我们在前一章中所讨论的所谓分别侵权的问题，即有多人共同的行为导致权利要求中的技术方案被实施是否构成侵权的问题（例如美国 Akamai 案中涉及的行为），在德国法下有了一种非常直接的处理方式：法官无须考虑到底是否构成了侵权（或者说直接侵权），因为那需要考虑行为的违法性问题，而仅需考察专利保护的技术方案是否被直接实施了，无论这一实施者是多个主体还是单个主体，也无论实施者的主观状态如何，只要这些实施者没有获得授权，被告明知其将实施并提供了与发明创造关键特征有关的手段，则被告将依据第 10 条构成侵权。

二、德国专利侵权的归责原则

对于违反专利法第 9 条和第 10 条时应承担的法律后果，德国专利法规定在 139 条和 140（a）—140（e）。其中涉及的形式包括停止侵权 [139（1）]、销毁侵权产品 [140（a）（1）]、销毁主要用于制造侵权产品的原材料 [140（a）（2）]、召回或从商业渠道移除侵权产品 [140（a）（3）]，等等。

损害赔偿也是侵权人要承担的法律后果之一，规定在第 139 条（2）："任何人故意（vorsätzlich）或过失（fahrlässig）地从事上述行为，都有义务对被侵权人赔偿损失。"而根据德国专利法第 139 条（1），这些行为包括"以违反第 9 条至第 13 条的方式使用受专利保护的发明创造的行为"。

对损害赔偿的规定是非常特殊的。和其他的法律后果承担形式相比，德国专利法明确要求被控侵权人必须具有"故意或过失"的主观状态时，才承担损害赔偿责任。

在以德国为代表的传统大陆法系的语境当中，过错责任与严格责任的划分，是针对以损害赔偿给付为内容的债务关系的。所谓过错责任，是指"因故意或过失不法侵害他人时，应就所生的损害，负赔偿责任"；[①] 所谓严格责任，是指指行为人的行为"致侵害他人权益时，应就所生损害负赔

---

① 王泽鉴：《侵权行为》，北京大学出版社 2009 年版，第 12 页。

偿责任，赔偿义务人对该事故的发生是否具有故意或过失，在所不问"。[1]
即根据在确定损害赔偿之债时，是否要考虑行为人的主观过错，可以将其
划分为以行为人具有主观过错为条件的损害赔偿之债以及不以行为人具有
主观过错为条件的损害赔偿之债。[2]这种承担法律后果的形式（或者叫责
任），在德国民法上的依据是民法典第823条。该条规定："（1）故意
（vorsätzlich）或有过失（fahrlässig）地不法侵害他人的生命、身体、健
康、自由、所有权或其他权利的人，负有向该他人赔偿因此而发生的损害
义务。（2）违反以保护他人为目的的法律的人，负有同样的义务。依照
法律的内容，无过错也可能违反法律的，仅在有过错的情况下，才发生赔
偿义务。"德国民法典第823条规定损害赔偿之债中对主观状态的要求，
和专利法第139条（2）是相同的。

而对于侵害财产权其他形式的法律后果，例如恢复原状、消除影响
等，在大陆法系中传统上是作为物权请求权而出现的，与损害赔偿为内容
的债权请求权截然不同。也不涉及过错责任抑或严格责任的问题。对于这
些形式的法律后果，德国民法的依据主要来源于德国民法典第三编第四节
"基于所有权而发生的请求权"，例如第985条的返还请求权以及第1004
条的除去侵害请求权和不作为请求权。

所以，德国专利法第9条虽然并未对"直接侵权"的形态（即上文
的A、B和D三种形态）在法律条文中规定明确的主观状态，但在德国，
直接侵权仍然属于过错责任的范畴，专利权人的损害赔偿请求权需要以被
控侵权者具有主观过错为条件。当被控侵权人客观上实施了这些行为，但
主观上不具有过错时，其侵权可以成立，但专利权人并不具有损害赔偿请
求权，而只能依据其他请求权主张被控侵权人承担其他形式的责任（例
如销毁侵权产品等）。而对于德国专利法规定的间接侵权形态（即上文的
C、E和F三种形态），由于法律条文中规定了明确的主观状态，因此，
如果被控侵权人主观状态达不到法律条文规定的要求，即"知道"或
"应该知道"，被控侵权人根本不构成侵权，专利权人不具有任何请求权。
这是由于知识产权侵权具有法定性的特征，在法律划定的范围以外，属于

---

① 王泽鉴：《侵权行为》，北京大学出版社2009年版，第13页。
② 参见［德］迪特尔·梅迪库斯《德国债法分论》，杜景林、卢谌译，法律出版社2007年版，第
　　607—728页。

公共领域，因此，行为人不具有这样的主观状态时，由于没有达到法定的侵权构成要件而不构成侵权。但是，如果被控侵权人主观状态达到了法律条文规定的要求，则他的侵权行为成立；而达到法律条文的这些规定，恰好又表明了其具有主观过错，因此权利人可同时享有损害赔偿请求权和其他的请求权。

可以看到，德国法律对直接侵权形态规定为过错责任，这一点与美国存在着很大的不同。美国专利法 271（a）规定的直接侵权行为是一种严格责任，无论侵权人是否具有主观过错，均要对权利人进行损害赔偿。[①] 德国法律的这个不同点，也使得德国法院在适用德国民法典关于共同侵权的规定时障碍较小。在美国，法院之所以不愿意将普通法上的共同侵权规则直接适用到专利法的直接侵权行为上，有一个很重要的原因，就是美国法院认为，因为 271（a）是一个严格责任条款，因此在判断是否存在 271（a）意义上的直接侵权时，不考虑行为人的主观因素。而如果将该条的适用扩大到普通法意义上的共同侵权行为，尤其是普通法上的"与他人协同一致或按照一个共同的计划执行侵权行为"这种侵权行为，则法院势必要考虑行为人的主观因素，这等于是把一个严格责任款变成了一个过错责任条款，这与立法目的相违背。因此，美国法院认为普通法和专利法是不兼容的，将其适用到这里，就像"把一个方的钉子塞进一个圆孔中"[②]。而德国专利法的直接侵权本来就属于过错责任原则，因此民法典中基于过错的共同侵权责任在适用上并不会出现问题。

三、德国专利法与民法典的关系

由于德国是成文法国家，而专利侵权在当代被作为民事侵权来对待，因此虽然专利法第 9 条、第 10 条规定了具体的专利侵权的形式，但这并不影响民法典中的侵权条款适用在专利侵权上。在存在多个主体的行为导

---

① BMC Res., Inc. v. Paymentech, L. P., 498 F. 3d 1373（2007），1381，"Direct infringement is a strict-liability offense, but it is limited to those who practice each and every element of the claimed invention."

② Akamai Technologies, Inc. v. Limelight Networks, 786 F. 3d 899（2015），910，"The error of this approach is that it attempts to fit a square peg in a round hole: joint tortfeasor law and § 271 are fundamentally incompatible."

致专利保护的发明创造被实施的情况下，专利权人仍然可以在德国民法第830条中找到救济依据。在侵权法的一般意义上，这些行为可能被认定为支持侵权行为（Beihilfe）、诱导侵权行为（Anstiftung）、共同侵权（Mittäterschaft）或者非直接侵权行为（mittelbare Täterschaft）。①

但由于专利侵权可能涉及广泛的经济活动，过于宽泛地适用民法典的一般规定，将会给经济生活带来巨大的不确定性。通过研究德国的案例，我们可以对适用的界限有所了解。

德国在这方面一个典型的案例是联邦最高法院于2009年做出的MP3 Player Import案的判决。在该案中，德国法院对于民法典第830条适用到专利侵权案件的标准作了明确的探讨。

该案涉及的是一项有关音频传输和接收数码信号的系统，该专利是MP3标准的标准必要专利。一家上海的公司向位于德国的被告1出口MP3播放器，这批播放器在进入德国海关时被扣留。原告随后起诉了被告1，并把负责运送这批MP3播放器的快递公司作为被告2起诉。其理由是被告2的行为与被告1一起构成了共同侵权。被告1很快承认了其构成侵权，但被告2一直将对他的指控上诉到德国联邦最高法院，拒绝承认其行为构成了共同侵权并因此需要根据德国民法典第840条（1）以及专利法第139条（2）承担连带的损害赔偿责任。德国民法典第840条（1）规定："二人以上一同对因侵权行为而发生的损害负责任的，作为连带债务人负责任。"②

在该案中，德国联邦最高法院根据其自1991年以来的多个判例，明确了如下的规则：

（1）在德国专利法第9条下的专利侵权，包括了行为人直接使用发明创造的行为，也包括了其作为德国民法典第830条（2）规定的教唆或

① Sarah Matheson, John Osha, Anne Marie Verschuur, Yusuke Inui, Ari Laakkonen and Ralph Nack, "2018 – Study Question Joint liability for IP infringement", http://www. aippi – us. org/docs/2017 – Sydney/Patentability – of – Computer – Implemented – Inventions. pdf, last visted on Oct. 18, 2020, p. 6., "by Under German law, the general rules of tort law are applicable to acts which are outside the scope of direct infringement or Contributory Infringement. In general, an act can qualify as: a) support of infringing acts (Beihilfe); b) inducement of infringing acts (Anstiftung); c) joint tortfeasorship (Mittäterschaft); or d) indirect tortfeasorship (mittelbare Täterschaft)."
② 《德国民法典》，陈卫佐译，法律出版社2015年版，第321页。

帮助他人直接使用发明创造的行为。[①]

这一规则来源于德国最高法院 2004 年的一个判例，在其中，德国联邦最高法院认为，专利侵权是一种非法行为（unerlaubte Handlung），而以任何形式参与该非法行为的人都要承担支付损害赔偿金的责任，包括出于故意（vorsätzlich）或过失（fahrlässig）地允许或鼓励他人直接实施权利要求所描述的发明的行为。[②] 德国传统的民法理论中，第 830 条（2）下的共同侵权人的主观状态只能是故意，而非过失。[③] 可以看到，德国最高法院在这里认为专利案件中，出于"过失"也可能构成第 830 条（2）下的侵权，这已经超越了传统的范畴，不过法院在本案中并未对此进行更为详细的论述。

（2）按照传统的民法理论，民法典第 830 条（2）的教唆或帮助行为要求行为人具有"关于教唆或帮助实际侵权行为的意图（Vorsatz）"，即故意。适用到本案中，即被告 2 需要"知道"（Kenntnis）其承运的商品是侵权商品。[④] 但专利法第 9 条意义下的教唆或帮助行为人不限于具有故

[①] Decision Federal Supreme Court（Bundesgerichtshof）vom 17 September 2009 – Case No. Xa ZR 2/08 "MP3 Player Import"，*International Review of Intellectual Property and Competition Law*，2010，p. 474—475，"An infringer is first of all he who，in person within the meaning of Sec. 9 of the Patent Act，either uses the patented invention directly or，as a participant in the sense of Sec. 830（2）of the German Civil Code，facilitates or assists in its direct use by a third party."

[②] Decision Federal Supreme Court（Bundesgerichtshof）June 3，2004 Case No. X ZR 82/03 "Rotation Speed Determination"（Drehzahlermittlung），*International Review of Intellectual Property and Competition Law*，2005，p. 719，"Anyone who does not himself use the intangible protected subject matter described by the patent claim but instead-deliberately（德语判决原文为 vorsätzlich——笔者注）or negligently（德语判决原文为 fahrlässig——笔者注）– merely permits or encourages such use by another person is，after the patent has been granted，obliged like the user to pay damages because the patent infringement constitutes a tort（德语判决原文为 "unerlaubte Handlung"——笔者注）and any form of participation in this tort establishes a liability to pay damages." 德语判决原文，参见 *GRUR* 2004，p. 848。

[③] ［德］迪特尔·梅迪库斯：《德国债法分论》，杜景林、卢谌译，法律出版社 2007 年版，第 761 页，"……在第 2 款中，系以教唆和帮助为准据。这都是刑法上的概念……故此，在第 830 条的情形，对于所提到的这些概念，通说亦在刑法上进行解释……即是说，这里必须具备故意。"

[④] Decision Federal Supreme Court（Bundesgerichtshof）vom 17 September 2009 – Case No. Xa ZR 2/08 "MP3 Player Import"，*International Review of Intellectual Property and Competition Law*，2010，p. 475，"Because，however，it is not clear that the defendant had any knowledge（德文判决原文为 Kenntnis——笔者注）that these MP3 players were patent-infringing products，the intent（德文判决原文为 Vorsatz——笔者注）necessary for an aiding-and-abetting status regarding the main infringing act is not given." 德语判决原文，参见 NJW-RR 2010，p. 113。

意的教唆者或帮助者，还包括了那些虽然不具有故意，但其"通过合理努力就能够知道"他在支持实际侵权行为，却仍然不采取措施防范的人，即仅具有过失的情形。具体而言，这个规则可以被概括为如下的内容：首先，缺乏故意这一主观要件并不能排除侵权的人承担损害赔偿责任；其次，仅仅因为其行为导致了侵权的发生，也不足以使行为人承担侵权责任；法院要求可归责的行为须违反了某项"法律上的义务"，a）该义务的目的是保护被侵犯的绝对权利，而行为人如果履行了该义务，则意味着将侵权结果归因于他是不恰当的，或者 b）该行为在任何情况下都可被视为一项应被禁止的导致第三人非法行为的原因，因而行为人不应该实施它。①

（3）该"法律上的义务"是否存在及其范围，是由法官在个案中确定的，决定性的标准是，根据案件的情况，被控侵权人是否能够，或者多大程度上能够合理地采取行动，防止侵权行为实际发生。② 就本案中的承运人而言，如果承运人有理由相信第三方的专利权并未受到发货人和收货人尊重，则他有义务采取措施调查其所承运的商品是否存在侵权的情况。③ 因此，如果海关已经查扣了货物并且通知承运人其怀疑货物属于侵权产品时，承运人即已经具备了这样的理由。这个标准大大降低了对承运人的主观故意的要求。如果采用传统的故意标准，承运人必须"实际知道并参与"侵权实施者的行为，④ 而由于海关只是通知承运人其"怀疑"货物侵权，因此承运人继续运输该发货人和收货人的其他批次的货物，将仍不构成故意。⑤

---

① Id. , p. 476—477.

② Id. , p. 478, "The existence and the scope of a legal obligation to avoid fulfilment of right-infringement is determined in each individual case by the weighing of all involved interests and relevant legal evaluations; a decisive factor is whether and to what extent the party on whom the claim is made can reasonably, according to the circumstances of the case, be expected to take action. "

③ Id. , p. 478, "The carrier may assume without further ado that the absolute rights of third parties are being respected by the sender or recipient only so long as he does not have concrete grounds to believe that these rights have in fact not been respected and he-the carrier-subsequently is taking part in the unlawful act committed by a third party. If such grounds arise, the carrier must take reasonable measures to investigate the suspicion of an infringement of proprietary rights. "

④ Sabine Boos, "Carrier's Liability for Patent Infringement Under German Law", *International Review of Intellectual Property and Competition Law*, 2010, p. 430, "the aider must himself intentionally contribute to this principal infringing act. "

⑤ Id. , p. 431, "After the customs authorities had retained the goods and informed the carrier of their suspicion of patent infringement, the carrier may have considered patent infringement to be possible. This does not suffice, however, for the required intent in respect of the patent-infringing act. "

四、德国多主体分别侵权问题研究

上述是德国民法典第 830 条（2）意义下的共同侵权适用到德国专利法第 9 条时所采取的标准。民法典第 830 条（2）规定的是教唆侵权行为和帮助侵权行为，其成立仍然是以其所教唆、帮助的对象本身构成侵权为前提的。对于第 830 条（1）规定的共同侵权行为——刑法上叫作"共同正犯"在专利法第 9 条的适用问题，德国联邦最高法院目前没有明确的判决。如果仅从主观构成要件而言，德国联邦最高法院关于 MP3 案中对主观状态的态度应该同样可以适用到第 830 条（1）的专利共同侵权案件中，即不要求行为人的主观状态达到故意的标准，也包括了那些被诉侵权人违反法定义务导致其作为或不作为与侵权结果有因果关系的情况，即在主观方面仅需过失即已经足够。

但要将民法典 830（1）适用于专利法第 9 条，仍然有一个问题需要仔细考虑，即这一行为是否符合侵权的另一个构成要件——具有不法性。多个人共同的行为导致权利要求中的技术特征被实施，是否能够当然认定存在不法性？这不无疑问。我们可以确定的是，权利要求的技术特征被全部实施，并不能当然地推导出行为违法性的存在——这也正是德国专利法专门设置第 10 条的原因。这样问题就变成了是否在任何情况下，多个人的行为共同导致权利要求记载的技术特征被完全实施，都会导致违法性的出现？如果不是的话，那么什么情况下（即多个人之间需具有什么关系），会导致违法性出现？什么情况下，不会导致违法性出现？

在 2008 年的 Pipe Welding Process 案中，[①] 德国联邦最高法院间接对这一问题表达了其观点。该案涉及的是一个控制焊接温度的方法，根据其权利要求，该方法的步骤包括了制造某种特殊数据卡并将有关焊接件的初始数据写入数据卡，之后在焊接时，自动根据具体情况重新对数据卡上的数据进行调整，从而达到自动控制焊接电流的目的。

在这一方法中，前面几步是由数据卡的制造商完成的，后面的步骤则是由焊接操作工完成。被告销售给用户的焊接工具，可以用于读取和写入

---

① Federal Supreme Court（Bundesgerichtshof），July 27，2007，Case：XZR 113/03，"Pipe Welding Process"，*International Review of Intellectual Property and Competition Law*，2008．p. 106.

这种数据卡。原告基于专利法第 10 条（1）起诉被告，主张被告明知其客户无权实施专利技术方案，仍然向其提供涉及发明关键特征的手段。被告抗辩的理由之一是，其客户并未实施专利保护的技术方案，因为这一方案的完成需要两个主体的行为（即数据卡制造商和用户）。

其实，按照第 10 条（1）的规定，主要需要考察的是被告提供的手段与权利要求之间的客观技术关系。在满足这种客观技术关系的情况下，只要专利保护的技术方案被实施了，则应构成侵权。至于这个方案是由一个人实施还是两个人实施，其实并不需要考虑，因为第 10 条（1）并未对此限制。在多人的行为导致专利保护的技术方案被实施时，他们的行为构成了一个整体，中间存在着必然的关系，前一主体的行为是后一主体行为的前提，所有的行为叠加起来，使得专利保护的技术方案被实施。涉及发明关键特征的手段在任何一个环节进入这个行为序列，都不影响这一行为序列的完成。

但在审理本案时，德国联邦最高法院在论证思路上稍有不同。他们更关注的不是"在客观上技术方案是否被实施"，而是"获得涉及发明关键特征的手段的人，是否实施了技术方案"，这就导致其必须构建一套理论，来说明为何在本案中只是实施了后面步骤的焊接工，需被认定为实施了全部技术方案。德国最高法院给出的论证是，由于制造数据卡的行为是后面使用数据卡以实现发明目的（就本发明而言，是控制焊接时焊接件的温度）行为的必要前提（necessary condition），① 所以使用数据卡的行为是使用专利保护的技术方案的行为。或者另一个表述是"当一个焊接过程可以被划分为很多步骤，其中的前一部分是制造带有焊接数据的数据卡，该数据卡之后被用于控制焊接过程，如果数据卡使用者在焊接过程中使用了其中存储的焊接数据，则他的使用数据卡的行为构成了使用该焊接过程的全部技术特征"。

我们可以将此称为"实现发明目的"标准。在这一标准下，似乎可以推导出如下的结论：只有实现发明目的人（通常情形下，就是最后一个步骤的实施人），才能构成一个方法的使用人，其他人的行为都是他的

---

① 　Id. p. 109, "The production of cards with the data necessary for the control of the temperature of the fittings during welding is a necessary precondition for the control of the temperature using the card in the welding process proper."

行为的必要前提（而相反则不成立，他的行为并非其他人的行为的必要前提）；这样，只有将涉及发明关键特征的手段提供给他，才能构成专利法第 10（1）下的侵权。这一逻辑上合理的推论大大缩小了专利法第 10（1）的适用范围。假设在该案中，被告并非将焊接设备销售给焊接工，而是销售给数据卡制造商，那很显然，他仍然是为他人提供了涉及发明关键特征的手段，尽管这里的"他人"是两个人。所以，比较妥当的判断思路，可能是重点考察专利保护的技术方案是否被使用，而不是具体由谁使用了。

德国联邦最高法院似乎是想给专利法第 10 条（1）中的"使用"找到一个单一的主体——实现发明目的的人。但有趣的是，在论述中，他们还顺便提及了直接侵权的问题，并且明确否定了在认定直接侵权时采取单一主体的做法。在论述完了焊接工是实施所有技术方案的使用者后（虽然他们实际只实施了最后的一部分步骤），德国联邦最高法院马上提及，"就本案的专利而言，其不仅可能被一个单独的侵权人通过执行所有步骤的方式直接侵权，也可能由共同的多人（Mit-und Nebentäterschaft）直接侵权"[1]。

受德国联邦最高法院这一判决中的"实现发明目的标准"思想的影响，德国下级法院发展出一套归咎责任理论。在 2009 年杜塞尔多夫高级法院（OLG Düsseldorf）判决的"预付费电话卡"案中（Prepaid-Karten），[2] 系统收到购买电话卡的用户所拨打的特定号码后，通过运营商提供的"公共服务转接系统"（Public Automatic Branch Exchange，PABX）与被叫接通。系统会计算预付卡中剩余的金额，并在金额为零时断开连接。被告是该电话系统的运营商，其主张由于其 PABX 设在德国境外，因此该方法有一些步骤是在德国执行的，另一些步骤在德国之外执行，由于专利权仅在德国地域范围内有效，而其部分行为发生在德国境外，因此不构成专利侵权。

杜塞尔多夫法院判决认为，并不能仅仅因为有部分行为发生在德国境

---

① "Konkludentes Einverständnis mit Patentnutzung durch Datenlieferung", *Gewerblicher Rechtsschutz und Urheberrecht*（*GRUR*），2007，p. 775，"Jedenfalls in einem solchen Fall kann eine unmittelbare Patentverletzung nicht nur in Alleintäterschaft unter Verwirklichung aller Verfahrensschritte begangen werden, sondern auch in Mit-und Nebentäterschaft."

② OLG Düsseldorf, Urteil vom 10. 12. 2009 – 2 U 51/08, *BeckRS*, 2010, p. 12415.

外，就认定不构成专利侵权。需要考察的是这些境外的行为与德国境内的行为之间的关系。如果境外的行为能被"归咎于"（zuzurechnen）境内的行为人，则认为该境内行为人实施了所有的专利技术特征。[①]

至于什么情况下可以将发生在境外的行为"归咎于"境内的行为人，法院认为不能仅仅看行为发生的序列，例如先在德国完成几步，然后再在境外完成几步，接下来再在德国完成最后几步，或者是相反的情况。这些都不对这一问题起决定作用。法院认为应该采取一种所谓的"规范性经济分析的路径"（wirtschaftlich-normative Betrachtungsweise），即基于价值判断的方法而非单纯基于客观的行为序列的方法："可归咎性"必须放在是否对国内市场产生了影响来确定，如果国内的行为直接损害到了该专利在"德国国内所保护的领域"（nationale Schutzgebiet），则境外的行为可以归咎于国内行为人。[②]

具体而言，需要分析专利所宣称的该发明创造的技术优势在哪里，并考察这些技术优势（Vorteile）是否通过国内的行为得以实现。在本案中，专利的技术优势在于能够克服传统的投币或磁卡电话产生的各种问题，被告通过在德国销售电话卡，使用户能够在德国境内享受该方案的技术优势；在技术上，虽然有一些步骤（例如计算余额、识别号码、删除号码等）在境外执行，但为使技术优势能够实现，被告必须将控制信号（包括建立连接的信号、中断连接的信号、从数据库中删除某个号码的信号）在德国境内进行传递，这些行为以及在德国销售电话卡的行为，使得境外的行为能够被归咎于被告。

2015 年，杜塞尔多夫高级法院再次在"主解码单元"（Primäre Ver-schlüsselungslogik）案中就"归咎责任"问题进行讨论。该案涉及的是一项解码加密电视信号的装置专利。被告销售的机顶盒（Set Top Box）中除了含有通常的操作系统外，也包含了一套数据库，通过调用该数据库中的

---

① Id. , p. 12415, "Für den Tatbestand des Anwendens kann vor diesem Hintergrund die Vornahme einer von mehreren notwendigen Maßnahmen im Inland ausreichen, wenn die im Ausland bewerkstelligten anderen Maßnahmen dem im Inland Handelnden ebenfalls zuzurechnen sind. "

② Id. , p. 12415, "eine wirtschaftlich-normative Betrachtungsweise als geeignetes Korrektiv geboten, wonach das fragliche Verhalten für den notwendigen Zurechnungszusammenhang zielgerichtet auf eine Wirkung im inländischen Markt zugeschnitten sein muss. Dadurch erfolgt ein Eingreifen nationalen Patentschutzes nur in Fällen, die das nationale Schutzgebiet unmittelbar betreffen. "

函数 T（Funktion "T"），从而执行解码算法（B-Algorithmus），买家可以解码电视信号进行观看。然而，在被告销售机顶盒时，这套数据库并没有处于激活状态，而是需要用户输入一些计算机指令，来调用该函数。

杜塞尔多夫法院在本案的判决意见中提到，判断直接侵权的（unmittelbare Patentverletzung）一般的原则是，在涉及组合专利（Kombinationspatent）时，被告投入市场的产品需具有权利要求所有的技术特征。[①] 但存在一个例外，就是如果被告投入市场的产品已经具备了"专利主题的全部实质性特征"（alle wesentlichen Merkmale des geschützten Erfindungsgedankens），而仅需第三方增加一些根据专利的技术教导并不重要（für die im Patent unter Schutz gestellte technische Lehre unbedeutend sind）的"成分"（Zutaten）以完成权利要求记载的全部技术特征时，被告此时仍然构成侵权。因为专利保护的发明创造实质上并非通过这些"成分"来"实现"（verkörpert）。[②]

这些第三方增加并不重要的"成分"的行为，被法院视为可以归咎于被告的行为，其法理基础是该第三方与被告构成了共同（gemeinsam）直接侵犯专利权的行为。值得注意的是，这里的"共同"侵权，法院使用的是"gemeinsam"这个词，而没有将被告视为第三方的"教唆者"（Anstifter）或者"帮助者"（Gehilfen）。可见法院这里指的是德国民法典第 830 条（1）下的共同侵权（gemeinschaftlich begangene unerlaubte Handlung）行为，而不是第 830 条（2）所指的教唆行为与帮助行为。

法院同时也强调，这种归咎理论的适用是有条件的，即第三方添加的成分对于发明创造而言必须是无关紧要的（"无关紧要"条件），并且其获得被告销售的产品（该产品已经包含了发明创造的所有实质性特征）会自然和确定地进行添加以实现权利要求中包含的所有技术特征（"确定

---

① "OLG Düsseldorf: Unmittelbare Benutzung bei möglicher Steuerung des patentgemäßen letzten Herstellungsakts-Primäre Verschlüsselungslogik", OLG Düsseldorf, Urt. v. 19. 2. 2015 – I – 15 U 39/14, *GRUR – RR*, 2016, p. 101, "Bei einem Kombinationspatent liegt eine Verletzungshandlung im Regelfall nur vor, wenn die Gesamtkombination geliefert wird."

② Id., p. 101, "Das setzt allerdings voraus, dass bei der Lieferung eines Teils einer Gesamtvorrichtung das angebotene oder gelieferte Teil bereits alle wesentlichen Merkmale des geschützten Erfindungsgedankens aufweist und es zu seiner Vollendung allenfalls noch der Hinzufügung selbstverständlicher Zutaten bedarf, die für die im Patent unter Schutz gestellte technische Lehre unbedeutend sind, weil sich in ihnen die eigentliche Erfindung nicht verkörpert hat."

性"条件)。① 如果被告的用户已经有这些不重要的成分，或者在获得被告的产品后确实会去获得这些成分，则可以视为被告自己向用户提供了这些不重要的成分。

就本案而言，如果仔细研究事实的话，本案具体情况和上述"添加成分"的情况还是有所差别的。在本案中，被告投入市场的机顶盒中已经包括了相关的数据库，用户可以通过调用其中函数"T"来使用这一功能。② 换句话说，本专利的权利要求保护的是一种实现解密功能的装置，而被告投入市场的产品，实际上已经包括了这一装置的所有技术特征，而无须用户额外地去添加任何的"成分"。用户发出函数调用指令的行为，等同于是触发了按钮，以启动该功能而已。

但尽管如此，法院仍然认为被告的行为不构成侵权，一是很难认定说"调用函数'T'的行为"对实现该发明是无关紧要。而且即使认为这一行为确实是无关紧要的，也不能确定用户会实际地执行该操作。法院基于三方面的事实做出这一结论：（1）不调用该函数，被告销售的机顶盒也可以按照预定的目的使用。机顶盒预定的使用目的是收看付费电视，被告在其中植入有其他的和专利无关的解密算法，用户可以通过这些算法来收看节目。（2）没有证据证明用户知道机顶盒中有能够执行涉及专利的算法的固件，并且用户要调用该算法，需要具有"基本的计算机科学知识"，因为涉及对机顶盒中一个特定固件的介入。（3）被告也没有指示用户应该如何调用该函数。③

另外，法院也认定，虽然被告（可能是由于疏忽）未在其数据库中删除这一函数，但由于被告未料到（ausgegangen）构成专利侵权，也无意让用户使用该函数，所以其把机顶盒投入市场的行为本身，也不构成侵权。④

德国民法典关于共同侵权的条款如何适用到专利法上，是一个非常复

---

① Id., p. 101, "Es muss sich um eine für den Erfindungsgedanken nebensächliche Zutat handeln und der Abnehmer muss sie der Vorrichtung selbstverständlich und mit Sicherheit hinzufügen."

② Id., p. 101—102, "…ist es bei den angegriffenen Ausführungsformen zwar grundsätzlich möglich, den B-Algorithmus durch Aufruf der Funktion 'T', die ihrerseits die Funktion 'B _ encrypt' aufruft, auszuführen."

③ Id., p. 101—102.

④ Id. p. 103, "Ferner kommt in Betracht, dass sie-insoweit nicht zu Unrecht-davon ausgegangen sind, es liege keine Patentverletzung vor, wenn die geschützte Funktion nicht angesprochen werde und sie sich darüber hinaus auch keine Gedanken über dadurch eröffnete Missbrauchsmöglichkeiten gemacht haben."

杂的问题。从以上对德国联邦最高法院、杜塞尔多夫高等法院的判例的研究，我们可以总结出目前德国法院将德国民法典第830条运用到专利共同侵权中时如下的一些基本的实践。

（1）在主观方面，德国法院并不要求当事人必须具有"故意"的主观状态；那些"通过合理努力就能够知道"他在支持实际侵权行为，却仍然不采取措施防范的人，即仅具有过失的人，也可能构成侵权。

（2）在行为与损害结果的因果关系上，不仅仅是考虑被告的行为是否导致了损害结果的发生，而更重要的是考虑被告是否"未能采取一些行为"。如果一些被告应该采取的行为他采取了，但他的其他行为仍然导致了损害结果的发生，则被告的行为与损害结果的因果关系可能就不再成立。被告应该采取的这些行为被称作其"法律上的义务"，这些义务加给被告，是为了使其在商业上合理的范围内，防止损害事实的发生。因此有哪些义务被告需要遵守（或者说，有哪些行为被告需要采取），是基于个案判断的。

得出上述结论的德国联邦最高法院的判例虽然是针对德国民法典第830条（2）适用到专利法第9条的情形，但作为侵权行为的构成要件而言，对于德国民法典第830条（1）于专利法第9条的适用将同样有效。涉及专利法第830条（1）适用于专利法第9条时，一个关键问题是行为违法性确定。由于不能当然地将数个人共同实施权利要求的技术方案的行为视为违法行为，因此行为人之间满足怎样的条件即可将其共同实施权利要求的技术方案的行为视为具有违法性，就是重点要讨论的。

（3）在被告和第三人共同实施专利权利要求所有的技术特征的情况下，如果第三人的行为能够被归咎于被告，则被告应承担共同侵权责任，即适用"归咎责任"。在什么情况下第三人的行为能够被归咎于被告，德国法院是把考察重点放在了专利的技术本质方面，即"实现发明目的标准"。杜塞尔多夫高等法院的两个判决无不体现出联邦最高法院在 Pipe Welding Process 案中考虑"发明目的"（控制焊接时焊接件的温度）而将数据卡制造行为归咎于使用数据卡的焊工的这一思路的影响。

在"预付费电话卡"案中，法院面对的问题是权利要求中的一部分在德国境内实施，还有一部分在境外实施。法官认定专利的"技术优势"是在德国实现的，并且被告在德国境内的行为促使了这些优势的实现，因此使得境外的行为能够被归咎于被告。这里的"技术优势"在德国的实现，其实就是发明的目的的实现。虽然权利要求保护的技术特征中，很多关键特征在境外实现，但法官重点考察的是发明目的是否在德国实现。

在"主解码单元"（Primäre Ver-schlüsselungslogik）案中，法院面对的问题是（至少其论述的是），权利要求中一些无关紧要的技术特征由第三方来执行。法院认为当被告实现了"专利主题的全部实质性特征"，即那些根据专利的"技术教导"而言是有意义的特征，则被告的行为构成侵权。"专利主题"与"技术教导"，显然是由发明的目的来确定的。当"专利主题的全部实质性特征"被实现，意味着专利目的实现了。这种情况下，第三方的行为可以被归咎于实现专利目的的一方。

（4）实现发明目的行为不同于"具有'发明功能个性化'（erfindungsfunktionell individualisiert）的手段"，或者说德国专利法第 10 条规定的"与发明的实质性要件有关的手段"。根据德国的判例，后者需要该手段"通过与受保护的整体设备的匹配由其他同类部件的数目凸显出来，并且因为如此的个性化而具有与发明构思的直接关系"。① 而"实现发明目的行为"的关注点显然不仅仅是"与发明构思有直接关系"。

我们从之前介绍过的德国联邦最高法院 1981 年判决的 Rigg 案中，能够很好地体会到这两者的不同。在该案中，被告生产了一种船帆，具有专利权利要求中的某些特征。被告的客户买到该船帆后，可以与其他部件结合形成专利产品。法院认为其属于"组合整体的具有功能个性化的部件"，但并未将其客户的行为"归咎"给被告。而是认定由于客户作为普通消费者，其行为不满足专利法"商业上"使用而不构成侵权，故被告也不能构成间接侵权。可见，其行为仅仅涉及"'发明功能个性化'（erfindungsfunktionell individualisiert）的手段"，"与发明的实质性要件有关的手段"时，不足以将所有其他人的行为归咎于他。

（5）根据杜塞尔多夫高等法院在"主解码单元"（Primäre Ver-schlüsselungslogik）案中的意见，归咎责任的法理基础是该第三方与被告构成了共同（gemeinsam）直接侵犯专利权的行为，即德国民法典第 830 条（1）的共同情形：被告与第三方共同实施侵权行为。那么按照传统的民法理论，共同侵权人对外应承担连带责任。这样一来，专利权人似乎可以选择其行为被归咎的一方作为被告起诉。这种情况下，虽然被告的行为

---

① ［德］鲁道夫·克拉瑟：《专利法——德国专利和实用新型法、欧洲和国际专利法》，单晓光、张韬略、于馨淼等译，知识产权出版社 2016 年版，第 931 页。

被归咎于第三人，但由于被告与第三人之间的行为属于第 830（1）下的共同侵权，故被告也应与第三人一起承担连带责任。[①]

（6）在德国 1981 年修订专利法之前，"为商业目的"使用是侵权行为的一个构成要件。德国 1981 年修订专利法后，第 9 条和第 10 条将"商业目的"的限制性条款删除，但仍将"非商业性使用"规定在第 11 条，明确规定专利的效力不及于"非侵权用途"。在"主解码单元"（Primäre Ver-schlüsselungslogik）案中，购买被告机顶盒的客户是消费者（Endverbraucher）。是消费者最后的行为去调用 T 函数而启动专利权利要求的技术方案，其显然不具有商业目的。而杜塞尔多夫法院在论述民法典第 830 条（1）的共同侵权条款适用到专利法第 9 条时，并未考虑其作为民法典第 830 条（1）下的"共同侵权"人之一，其不具有商业目的这一事实会对被告（即民法典第 830 条（1）下的其他"共同侵权人"）的责任认定带来什么影响。根据这一论述逻辑来推论，在有消费者参与共同实施发明创造的行为中，其他行为人并不因消费者的存在而可以被排除于专利效力之外。如果消费者的行为可被归咎于他，则他仍然与消费者构成共同侵权。但这时，专利权人如果起诉消费者，很可能的结果是，由于消费者的行为不构成商业目的的使用，故专利权人无法主张消费者侵权。

在"主解码单元"案中，讨论的是消费者的行为是否能够被归咎于以商业为目的供应商的情形。如果是相反，"实现发明目的"行为由消费者完成，供应商的行为被归咎给消费者，结果会如何呢？可能的推论是，由于消费者不具有商业目的，因此其行为不构成侵权，而供应商的行为由于需要被归咎给消费者，因此，其行为只可能是一些对实现发明创造而言"无关紧要"的行为。例如发明保护的是一辆汽车，消费者自己生产组装了一台汽车，而涉案的供应商只是给他提供了一个后视镜。[②] 在这种情况

[①] 这里我们重点讨论"归咎责任"，主要是想解决德国民法典第 830 条（1）下的共同侵权适用到德国专利法第 9 条下的界限问题。但很显然，如果存在德国民法典第 830 条（2）条下的共同侵权，教唆者、帮助者与实际执行侵权行为者之间也应承担连带责任。

[②] 该例子来源于 Eisenführ Speiser ed. *Recent Case Law in German Patent Law* 2016, p. 4, "The present case thus differs significantly from constellations in which addition of the missing features is a triviality-for example when a side mirror for a car is sold and it is subsequently combined with the (missing) vehicle." (https：//www.eisenfuhr.com/files/recent_case_law_in_german_patent_law_2016.pdf, last visted on Oct. 18, 2020.) 为说明问题，笔者在此将制造汽车的行为改为了消费者，而将提供后视镜的行为改为了由制造商来完成。

下，如果专利权人依据民法典第 830 条和专利法第 9 条主张供应商的共同侵权责任，法院很可能不会支持。因为这将导致责任人范围被无限扩大，使得第 11 条规定的"商业目的"的要件失去意义，也使得第 10 条限定的"与发明的实质性要件有关的手段"失去意义：第 10 条的目的之一即是解决实际实施者不具有商业目的而不能构成侵权时，帮助或教唆其实施这一行为的人承担责任问题。第 10 条将这种责任的要件限定为"帮助或教唆者需提供与发明的实质性要件有关的手段"。如果提供"无关紧要"成分的制造商不能根据第 10 条承担责任，却反而能根据民法典第 830 条（1）和专利法第 9 条被主张责任，则第 10 条的规定就没有意义了。

从另一方面说，在 1981 年联邦最高法院判决的 Rigg 案中认定，如果销售具有"发明功能个性化的产品"给消费者（Endverbraucher），由消费者来组装成专利产品，由于消费者不构成侵权，故发明功能个性化产品的提供者也不构成间接侵权（mittelbaren Patentverletzung）。本案中认定，在销售"发明功能个性化的产品"给消费者时，不能依据间接侵权理论以及 1981 年之前的专利法第 6 条来认定制造商的责任。正如我们在前文所述，德国在 1981 年之前发展出来的间接侵权理论正是基于德国民法典第 830 条共同侵权条款，而在 1981 年专利法修改之后，第 6 条的内容也被吸纳进了第 9 条。所以 Rigg 案中确定的原则仍然适用于现在民法典第 830 条与专利法第 9 条相结合的情形。根据这个案件确定的原则，仅仅销售"发明功能个性化的产品"给消费者时，尚不能认定制造商的责任，何况是销售"无关紧要"的成分了。

也就是说，如果实施发明创造的行为被归咎于消费者，则没有人根据民法典第 830 条和第 9 条构成侵权。这种情形下，制造商提供的产品也不属于"与发明的实质性要件有关的手段"，因此也难以依据专利法第 10 条主张其责任。

（7）所以我们可以对多人的行为导致权利要求保护的技术方案被实施时，其行为是否可以根据德国民法典第 830 条（1）和专利法第 9 条具有违法性及在满足其他要件的情况下（如损害后果、主观状态）的责任承担，做出如下的归纳：

当多个实施主体都具有商业目的时，如果其他人的行为能够被归咎于某一个人，则这些人的行为均具有违法性，被归咎之人以及其他人均须就整个损害后果负连带责任。①

当多个实施主体，其中有某些不具有商业目的时，如果他的行为可以被归咎于某一具有商业目的的主体，则这一有商业目的的主体和其他参与的有商业目的的主体应负连带责任，② 而这一不具有商业目的的行为主体不承担责任。③

当多个实施主体，其中有某些不具有商业目的实施主体时，如果其他实施主体的行为能被归咎于他，则均不承担责任。④

在没有这种归咎关系的情况下，如果某一有商业目的的实施者行为涉及的是提供"发明功能个性化"手段或者"与发明的实质性要件有关的手段"，由其他人独自或与其共同完成权利要求所保护的技术方案，则该实施者将依据专利法第 10 条承担责任，至于其是否，或者在什么情况下将依据专利法第 9 条和民法典第 830 条承担责任，则仍然是一个不明确的问题。

在多个实施者之间具有其他关系的情况下，其是否仍然能够根据专利法第 9 条和民法典第 830 条承担责任，也是一个不明确的问题。

我们比较德国和美国法下专利侵权认定和一般性的共同侵权的关系，可以看到两者很大的不同。

第一，在德国，民法典中规定的侵权规则和专利法的侵权规则之间是一般法与特殊法的关系。民法典和专利法典均为国家议会正式颁布的成文法，专利法不排斥一般法的适用。因此，民法典第 830 条关于共同侵权的规定，完全可以适用于多人行为导致权利要求保护的技术方案被实施时的侵权认定，这既包括了第 830 条（1）的共同实施侵权行为的情形，也包括第 830 条（2）的帮助和教唆他人实施侵权行为的情形。

而在美国，一般性的共同侵权规则是在普通法下发展出来的，其对制定法的适用仅具有补充作用。在制定法明确了相关规则后，制定法就排斥普通法的适用。这也是为什么联邦巡回上诉法院的多数意见中，一直认为

① 被归咎之人需对损害承担责任，依据是杜塞尔多夫法院判决的"预付费电话卡"案和"主解码单元"案；其他人需对损害承担连带责任，依据"主解码单元"案中阐明的归咎责任的理论原理——民法典第 830 条（1）项下的共同侵权责任而做出的推论。
② 依据杜塞尔多夫法院案"主解码单元"中的论证思路做出的推论。
③ 依据为德国专利法第 11 条。
④ 依据德国专利法第 10 条、德国联邦最高法院 1981 年 Rigg 案做出的推论。

由于专利法第 271 条明确规定了帮助、教唆侵权（间接侵权）的共同侵权的情形，则不应再回到普通法去建立共同侵权的适用标准的原因——不应把国会有意排除出去的"与他人协同一致或按照一个共同的计划执行侵权行为"纳入第 271 条中来考虑。如果国会要这么做的话，他们可以通过立法来完成。[①]

第二，正是由于美国的这种立法权限上的原因，"与他人协同一致或按照一个共同的计划执行侵权行为"（这对应德国民法典第 830 条（1）规定的侵权）不能作为纳入专利侵权的考虑当中，美国法院发展出了单一主体原则，要求必须由一个主体完全实施了权利要求的所有技术特征，才能够认定 271（a）下的直接侵权存在，继而其他人才可能被认定构成 271（b）和 271（c）下的帮助侵权或教唆侵权。在单一主体原则下，如果存在多个人的行为结合到一起导致权利要求中的所有技术特征被实施时，其他人的行为必须能够被归咎于某一人。其他人的行为能否被归咎于某一人，取决于他们之间必须具有一种在法律上的关系。按照目前联邦巡回上诉法院的判例，目前包括两种法律上的关系。一种是"控制关系"。具体又包括了三种形态：a）根据普通法，构成了主仆关系；b）通过合同指示他人从事某行为，类似于普通法上足以成立替代责任的雇主与承包商之间的关系；或 c）被控侵权人将其他主体执行权利要求中的步骤作为其参与某个活动或者得到某种利益的条件，并且设定了执行这些步骤的时间或方式。另一种是"合营关系"（joint enterprise）。联邦巡回上诉法院也确认，在满足"归咎于一个主体"这一原则下，可能还有其他的法律关系，这需在个案中确定。

在德国，法官可以直接将民法典第 830 条关于共同侵权的规则适用于专利共同侵权的判断上。在涉及多个人的行为共同导致权利要求中的技术特征被完全实施时，如何认定侵权（尤其是认定行为的违法性）时，涉及第 830 条（1）与专利法的适用。德国法官发展出了一套归咎责任理论：当其他人的行为可以被归咎于被告时，则被告构成第 830 条（1）意

---

① Akamai Technologies, Inc. v. Limelight Networks, 786 F. 3d 899（2015），906，"In the 1952 Patent Act, Congress removed joint-actor patent infringement liability from the discretion of the courts, defining "infringement" in § 271（a）and expressly outlining in § 271（b）and（c）the only situations in which a party could be liable for something less than an infringement. This was purposeful."更详细的讨论，见本书第一章。

义上的共同侵权。虽然德国和美国都称之为"归咎"，但比较两者，其实有着根本性的不同。其一，在德国，这种归咎关系不像美国是取决于行为人之间的法律关系，而取决于各人的行为与专利保护的技术方案的发明目的之间的关系，只有那些实现了发明目的的人，其他人的行为才能归属于他。其二，在美国法下，被归咎之人即承担 271（a）直接侵权行为之人，其他人可能根据 271（b）或 271（c）来承担间接侵权责任；但在德国，因为被归咎之人可能和其他人之间本质上是一种共同侵权关系，故所有人都是根据专利法第 9 条来承担责任。其三，由于德国法律规定专利权的效力不及于非商业目的的行为，因此当消费者参与其中时，对侵权的认定也存在不同；但在美国，由于并不将"商业目的"作为侵权要件，因此在多人共同实施行为中存在着消费者，并不影响侵权的认定。

第三，虽然德国目前在民法典的共同侵权条款 830（1）对专利法的适用上，发展出归咎责任理论，但这不是唯一的。共同实施侵权行为的形态多种多样，因此不能排除其他情形的存在，理论上并不一定需要把行为归于某一人，才能构成共同侵权。而美国的单一主体原则下要求的"归咎关系"，从理论上讲是唯一的，只是其存在的形态法院可以在个案中继续发展，但无论如何，一定需要将其他人的行为归于某一人，才能构成侵权。相比较而言，美国的实践给社会公众的可确定性更强一些。

第三章　日本专利共同
侵权制度研究

第一节　日本的共同侵权理论

一、日本侵权法的基本架构

日本民法的出台经历了近 30 年。1870 年，日本开始翻译法国民法典的工作，并且聘请法国学者起草民法典，该民法典采用法国民法的模式，于 1890 年公布，预计在 1893 年 1 月 1 日起施行。但由于该民法在家族法部分背离日本国情，引起了很大的争论。结果日本政府在 1893 年，又重新设置了起草委员会，起草委员会此时根据德国已经公布的民法典草案，重新起草了民法典，该民法典于 1898 年 7 月 16 日实施。[①]

虽然日本民法典后来在总体上继承了德国民法典的架构，但其仍然受到最初的法国民法典的影响。表现在侵权行为法上，即日本民法第 709 条规定了一个侵权的原则性条款，而非像德国民法典第 823 条一样，以一般条款加上类型列举的方式进行规定。这是其受到法国民法典影响的证据。[②]

日本侵权法的架构，区分为侵权原则性条款和特殊侵权条款两大部分。侵权原则性条款规定在日本民法第 709 条，而特殊侵权条款则规定在

①　邓曾甲：《日本民法概论》，法律出版社 1995 年版，第 3 页。
②　见［日］吉村良一《日本侵权行为法》，张挺译，中国人民大学出版社 2013 年版，第 4 页。

第 714 至 719 条当中。① 但是要注意的是，所谓的特殊侵权条款，并不仅仅是对侵权原则性条款的具体化，而是"以某种形式修正第 709 条的原则"②。最典型的就是，侵权原则性条款中规定的侵权责任以过错为基础，而无过错责任理论则在特殊侵权条款规定的侵权责任中可能找到存在的余地。③

侵权原则性条款所涉及的侵权行为的成立要件，在日本的学说上一般涉及过错（故意或过失）、责任能力、违法性、损害事实和因果关系。

就故意而言，一般认为是指明知会发生某个结果却仍然做出某个行为的心理状态。对于认识的对象，只需要认识到权利侵害的某种结果的发生即可，不需要认识到对特定的人的侵害。尤其值得提及的是，日本通说认为，构成故意的认识，并不需要对违法性有认识。④ 这一点和德国有很大的区别。而就过失而言，日本学者一般将其理解为"由于不注意没能预见其发生"，或者说"不谨慎或者缺乏意思的紧张"这样一种心理状态。

违法性是指被侵害的权利或利益应在法律上被否定。这一认定并非是绝对的，而是需要在个案中根据情况考察，即所谓的相关关系说：对加害行为在被侵害利益中违法性的强弱和在加害行为样态中违法性的强弱进行相关、综合的考察，从而判断有无作为侵权行为要件的违法性。⑤

就因果关系这一要件，日本学说受德国的影响，也区分责任成立的因果关系和与损害赔偿范围有关的因果关系。前者是侵权行为成立的条件，后者是在侵权行为认定后，认定应该如何弥补损失的问题。⑥

---

① 第 710 至 713 条是关于赔偿范围及未成年人、精神病人的责任承担的，不涉及侵权行为本身的内容。

② 于敏：《日本侵权行为法》，法律出版社 2015 年版，第 14 页。

③ 于敏：《日本侵权行为法》，法律出版社 2015 年版，第 23 页，"这样，我们可以将民法规定的侵权行为责任，区分为以市民法原理的过失责任主义为基础的场合和应该加入危险责任主义等新的无过失责任论的场合进行考察。并且可以把前者称为一般侵权行为（《民法》第 709—713 条），后者称为特殊侵权行为（《民法》第 714—718 条），分别对它们的成立要件加以区别考察。"注意的是，这里所谓的"一般侵权行为"和"特殊侵权行为"，是该学者以是否需要行为人具有过错为标准来做的分类，不要与日本侵权法的架构的分类——即侵权原则性条款（第 709 条）和特殊侵权条款（第 714—719 条）的分类——相混淆。

④ 于敏：《日本侵权行为法》，法律出版社 2015 年版，第 154 页。

⑤ 于敏：《日本侵权行为法》，法律出版社 2015 年版，第 205 页。

⑥ 于敏：《日本侵权行为法》，法律出版社 2015 年版，第 260—216 页。

二、日本民法中的共同侵权规则

在日本，共同侵权规则是作为与侵权原则性条款（日本民法第 709 条）相对的特殊侵权条款而存在的。日本民法第 719 条第一款规定："因数人共同实施侵权行为加害于他人的，各自承担连带赔偿责任。不能确定共同行为人中由谁造成损害的，亦同。"第二款规定："教唆及帮助行为人的，视为共同行为人，适用前款规定。"可以看到，日本民法第 719 条的规定，在结构上类似于德国民法典第 830 条。只是德国民法典中，规定共同行为人"各人对损害均负责任"，至于负何种责任，则规定在第 840 条（1）"数人须就同一损害并为负责者，应以连带债务人负责"。而日本民法典在此直接规定共同侵权人负连带责任，不再单独设立类似于德国民法典第 840 条（1）项下的条款。

或许也正是因为缺少像德国民法典第 840 条（1）这种对二人以上侵权行为造成损害的"兜底条款"——包括行为人共同过失而致同一损害时的情形，日本民法理论对第 719 条第一款第一句是采用扩大化的解释。具体而言，第 719 条第一款第一句在日本侵权法理论上被称为"狭义的共同侵权行为"，其包括两个要件：（1）各人的行为独立地具备侵权行为的要件。这又包括两个方面，首先，个人的行为是独立的行为，而不能是某一个人依附于另一人的情形（典型的如雇员关系；又如二战前的妻子在家制度中，妻子被视为依附于丈夫）。另外，各人的行为也存在应满足侵权原则性条款的各构成要件，例如过错、违法性、因果关系等。但实际上，由于这是一种特殊情形的侵权，严格将第 709 条的构成要件套用在这里，可能会对受害人导致不公平的结果，因此在违法性、因果关系上，日本有学说和判例都采用了较宽松的标准。例如在违法性的问题上，两个以上企业排放污染物质，各自都在法定标准以内，但相互混杂造成了损害。有日本学者认为如果认可排污行为的关联共同性的话；就可以视为满足了整体的违法性要件（而非拘泥于每个行为主体的违法性），应该承担连带责任。[1]（2）关联共同性。在对每个人侵权行为的构成要件适用宽松的标准的情况下，关联共同性就成为判断狭义共同

---

[1]　见［日］吉村良一《日本侵权行为法》，张挺译，中国人民大学出版社 2013 年版，第 178 页。

侵权存在与否的一个更为重要的要件。这一要件要考察的是，每个人的行为之间存在何种程度上的密切关系。德国法下830（1）第1句坚持主观关联共同说，要求行为人之间必须具有意思联络，因而只能是故意的心理状态。但日本却与此不同，日本通说在对第719条第一款第一句的解释上一向采用客观关联共同说，即只要数人的行为客观上发生了统一结果，即应成立共同侵权，不需要其在主观上具有意思的联络。① 这样，无论各行为的主观状态是故意还是过失，都不影响侵权的成立。这无疑对受害人提供了更为有利的保护；但另一方面，也给行为人的行为是否构成侵权，增加了很多的不确定因素。如何在此之间找到平衡，日本学者一直在进行理论上的探讨。

可能正是因为共同关联在这一条的构成要件中有着如此重要的作用，我妻荣教授直接将第719条第一款第一句的构成要件表达为四要件说：（1）数人的加害各自均有故意或过失；（2）加害人各自均有责任能力；并且（3）各自的违法行为关联共同构成损害的原因；（4）关联共同的违法行为与损害处于相当因果关系之上。②

第719条第一款第二句，规定的是"加害人不明的共同侵权行为"。日本通说认为这里的"共同行为人"与前一句的"共同实施侵权行为"人不同。这里并不需要关联共同性，只要考虑物理以及时间上的接近度，将共同行为人看作做出具有引起该权利侵害之危险性的行为人，即使其是偶然关系的人，也可以认定其侵权成立。③

另外还有一点要提及的是，在日本民法的框架下，由于第719条是一个特殊侵权条款，因此在数人侵权导致一个损害的情况下，如果其行为间具有关联性，则实际上是发生第719条和第709条的竞合。这样，在理论上说，仍然存在这样一种情况：有一些第719条涵盖不到的数人侵权的类型，在个案中仍可以依据第709条予以处理。对这些案件的类型化以平衡受害人与行为人之间的利益，也是日本学者的一个重要的理论思考方向。④

---

① 见王泽鉴《侵权行为》，北京大学出版社2009年版，第355页。
② 于敏：《日本侵权行为法》，法律出版社2015年版，第426页。
③ ［日］吉村良一：《日本侵权行为法》，张挺译，中国人民大学出版社2013年版，第186页。
④ ［日］吉村良一：《日本侵权行为法》，张挺译，中国人民大学出版社2013年版，第190—191页。

第二节 日本专利法的侵权体系架构

日本第一部成文专利法是 1885 年 4 月 18 日公布的《专卖特许条例》。之后的一百多年，日本专利的保护对象、权利期间、申请程序、审查、审判、诉讼制度等经历了多次变革。[①] 1959 年，日本参考大量国外立法例，尤其是在美国 1952 年专利法的基础上，重新修订了专利法。

1959 年专利法与之前的法律相比有很大的变化，被称为日本现代专利法的开端。[②] 在其第一章第 2 条第 3 款定义了对发明创造的实施行为，包括三个方面："一、在产品发明的情况下，对该物进行制造、使用、转让、出租、进口或者许诺转让或出租（包括为转让或出租之目的而展示。下同）；二、在方法发明的情况下，对该方法进行使用；三、在制造产品的方法发明的情况下，除前款规定的情形，还包括使用、转让、出租、进口或许诺转让或出租依据方法而制造的产品。"[③]

第 68 条规定了专利权的排他性，即专利权人享有作为企业（"業として"）实施专利发明的专有权。但是，当该专利权是一专用实施权之标的时，在专用实施权人有权实施专利发明的范围之内，本条不适用。

第四章第二节对权利受侵害的情形及权利人相关的救济进行了规定。其中第 101 条规定："下列行为应被视为侵犯专利权或专用实施权：

一、在专利为产品发明的情况下，作为企业（'業として'），制造、转让、出租、进口或许诺转让或出租，仅用于制造专利产品之物（'その物の生産にのみ用いる物'）。

二、在专利为方法发明的情况下，作为企业制造、转让、出租、出口

---

① ［日］青山紘一：《日本专利法概论》，聂宁乐译，知识产权出版社 2014 年版，第 4—5 页。

② 易继明：《日本专利法的历史发展（代序）》，载杜颖、易继明译《日本专利法》，法律出版社 2001 年版，第 5 页，"很多人认为，现行专利法是从 1959 年专利法开始的。"

③ 若无特别说明的情形，本书中对日本专利法条文的翻译基于 WIPO 网站公布之英文版（http：//www.wipo.int/wipolex/en/details.jsp？id＝16061，last visted on Oct. 18，2020），并结合相关日文版。下同。

或许诺转让或出租，仅用于该方法的物品（'その方法の使用にのみ用いる物'）。"

在1959年之后，日本专利法又经过多次修改，尤其是101条，在2003年和2006年专利法修订中也进行了很大的调整。

2003年，第2条的专利实施的定义被修改为："一、在产品发明的情况下，对产品进行制造、使用、转让等（是指转让和出租，在产品为程序等时，包括通过电子通信线路提供。下同），进口或许诺转让等（包括为转让等的目的展示。下同）。二、在方法发明的情况下，对方法进行使用；在产品制造方法发明的情况下，除上述规定外，对方法直接获得的产品进行使用、转让等，或者进口或者许诺转让等。"

第101条增加了很多内容，被进一步修改为："以下行为被视为侵犯专利权或专用实施权的行为：

一、在专利为产品发明的情况下，以构成事业的方式制造、转让等，进口或许诺转让等，仅用于制造专利产品之物。

二、在专利为产品发明的情况下，明知发明为专利发明且物品会被用于实施该发明，仍作为企业制造、转让等，或者进口或许诺转让等用于制造该产品的且为解决发明相关的问题必不可少的物品（但在日本广泛一般流通的物品除外）。

三、在专利为方法发明的情况下，作为企业制造、转让等，或进口或许诺转让等，仅用于该方法的物品。

四、在专利为方法发明的情况下，明知为专利发明且物品将用于实施发明方法的情况下，仍作为企业制造、转让等或进口或许诺转让等，用于该方法的且为解决发明目的必不可少的物品（但在日本广泛一般流通的物品除外）。"

可以看到，在2003年修订的专利法中，第101条的第一项和第三项和1959年专利法的第一项、第二项是相同的。该法101条的第二项和第四项是新增加的。这扩大了专利权人的范围，被这条所覆盖的物品不再局限于"仅"用于制造专利产品或用于专利方法的物品，而是范围更广泛，即对于解决发明目的必不可少的物品。

2006年，对于专利的实施，日本增加了出口的规定。第2条的专利实施的定义被修改为："一、在产品发明的情况下，对产品进行制造、使用、转让等（是指转让和出租，在产品为程序等时，包括通过电子通信线路提供。下同），出口、进口或许诺转让等（包括为转让等的目的展示。下同）。二、在方法发明的情况下，对方法进行使用；在产品制造方法发明的情况下，除上述规定外，对方法直接获得的产品进行使用、转让等，出口、进口或者许诺转让等。"

修改比较大的是第 101 条，在 2003 年之前的基础上，又增加了两条规定。2006 年专利法修改后第 101 条规定："以下行为被视为侵犯专利权或专用实施权的行为：

一、在专利为产品发明的情况下，作为企业制造、转让等，进口或许诺转让等，仅用于制造专利产品之物。

二、在专利为产品发明的情况下，明知为专利发明且物品会被用于实施该发明，仍作为企业制造、转让等，或者进口或许诺转让等用于制造该产品的且为解决发明相关的问题必不可少的物品（但在日本广泛一般流通的物品除外）。

三、在专利为产品发明的情况下，为作为企业转让等或出口该产品而持有该产品。

四、在专利为方法发明的情况下，作为企业制造、转让等，或进口或许诺转让等，仅用于该方法的物品。

五、在专利为方法发明的情况下，明知为专利发明且物品将用于实施发明方法的情况下，仍作为企业制造、转让等或进口或许诺转让等，用于该方法的且为实现发明目的必不可少的物品（但在日本广泛一般流通的物品除外）。

六、在专利为产品制造方法发明的情况下，为作为企业转让等或出口该方法所制造的产品而持有该产品。"

和 2003 年的专利法相比，2006 年专利法第 101 条增加了一个行为的规定，即持有专利产品或者由专利方法制造的产品的行为，不属于第 2 条规定的实施行为，但仍然可能根据第 101 条视为侵犯专利权的行为。

日本专利局解释这一条款设立的原因是因为有的侵权行为虽然没有实施权利要求的全部技术特征，但有很大的可能性会引发直接侵权，如果允许这类行为的存在，将消除专利权的效力。专利法第 101 条即是为了处理这种情况而设，将某些很有可能导致直接侵权的预备性的或帮助性的侵权行为直接视作侵权行为。[①]

这样，日本专利法通过第 2 条（对专利实施行为的定义）、第 68 条（对专利权人专有实施权的授予）以及第 101 条（视为侵权的行为）的规定，构建了一个很有特色的专利侵权架构。其中第 2 条和第 68 条规定了所谓的直接侵权行为，第 101 条的规定，日本一般将之称为法定侵权的行为（constructive infringement）或者视为侵权行为（deemed infringement）。对于间接侵权行为这一概念，很多学者将其界定为"法定侵权行为以外的非直接侵权行为"[②]。本书也采用同样的术语体系，将日本专利法第 2 条和第 68 条下的行为称为直接侵权，将第 101 条下的行为称为法定侵权，将法定侵权行为以外的非直接侵权称为间接侵权。

第三节　法定侵权与直接侵权行为的关系

一、日本的司法实践

法定侵权行为的成立是否以存在直接侵权行为为前提，在日本有三种理论：独立论，即法定侵权的成立不以直接侵权的存在为前提。从属论，即只有发生了直接侵权的情况下才有可能存在法定侵权，法定侵权从属于直接侵权。还有一种理论认为应个案判断。

日本法院的判决意见并不笼统地支持上述的独立论或从属论。在 2000 年大阪地方裁判所判决的"面包机"案中，[③] 针对不存在直接侵权的不同情况，法院分别对法定侵权成立与否做了不同的认定。

该案原告船井电机株式会社拥有一件制造面包的方法专利，涉及机器利用计时器控制对放入其中的酵母、面粉、水等进行搅拌、发酵的过程。被告 MK 精工株式会社生产和销售了一款面包机。用户使用该面包机，即

---

① Miyuki Tsuyuki, "Study on Constructing a Theory Toward Solving Diversified Indirect Infringements", IIP *Bullentin*, 2013, Vol. 22, note 3.

② Id. , note 1.

③ "面包机"案，平成 8 年（ワ）12109 号。

会执行专利所保护的方法。因此被告销售的该面包机属于"仅用于实施专利方法"的产品。

原被告双方在本案中有两个争议点值得我们讨论。一是原告在日本制造涉案面包机并销售到美国的行为，是否构成当时专利法第 101 条（二）[该条现在是在第 101 条（四）] 意义上的法定侵权；二是被告制造涉案面包机并销售到日本家庭的行为，是否构成当时专利法第 101 条（二）法定侵权。

这两种情形的共同特点是，实际使用面包机的人，都不构成专利法第 68 条意义上的侵权。第一种情形下，专利所保护的方法在美国被实际实施。由于专利权具有地域性，因此美国的面包机使用人不可能构成对原告这一日本专利的侵犯。在第二种情形下，虽然专利所保护的方法是在日本被实际实施，但由于实施者（家庭）并不属于专利法第 68 条规定的"作为企业"的情形，因此这种情况下的实施者也不构成对原告专利的侵犯。

原告主张法定侵权[①]行为无须以存在直接侵权行为为前提。由于被告的行为剥夺了原告的市场机会（包括将仅用于实施专利方法的面包机从日本销售到美国的机会），因此其专有权受到经济损害，故被告应该予以赔偿。[②]

但法院对这两种情形进行了区分。对于销售给在日本的家庭的情况，法院采纳了原告的"失去市场机会"的说法，认为专利法将直接侵权行为限定在侵权者"作为企业"（"業として"）的情形，是出于政策上的考虑，因为没有必要对一般的家庭做出专利法下的强力规制（"不必要に強力な規制"）。[③] 但不能认为因此就否认了专利权人原则上应该独占享有的将其发明在一般家庭中实施的市场机会。[④]

---

① 该案中，使用的是"间接侵权"这一术语来讨论第 101 条下的行为。

② "面包机"案，平成 8 年（ワ）12109 号，"間接侵害は、本来の特許権の効力から付加されて与えられた効力であり、直接侵害を前提としていない。また、被告は、日本から米国市場へ向けて販売するという原告の経済的効用を奪っているのであるから、原告の独占は補償されるべきである。"

③ 同上，"同法が特許権の効力の及ぶ範囲を「業として」行うものに限定したのは、個人的家庭的な実施にすぎないものにまで特許権の効力を及ぼすことは、産業の発達に寄与することという特許法の目的からして不必要に強力な規制であって、社会の実情に照らしてゆきすぎであるという政策的な理由に基づくものであるにすぎず……"

④ 同上，"一般家庭において特許発明が実施されることに伴う市場機会をおよそ特許権者が享受すべきではないという趣旨に出るものではないと解される。"

也就是说，法院认为专利法第 2 条的"实施"本身既包括了作为企业的实施，也包括了其他的实施。① 专利权人在理论上应该享有这所有的市场，而第 68 条只是出于政策的考虑，将直接侵权行为限定在了"作为企业"者身上。这一政策的限制不能当然否定专利权在家庭领域的效力，这一市场仍然归属于权利人所有，而并非是专利权人的权利进行了任何不当的扩张。当有人企图进入这个市场时，直接的家庭使用者无须承担侵权责任，因而专利权更应该在抵御进入这个市场方面发挥效力。②

对于销售到美国的情况，法院并未接受原告主张的"失去市场机会"（即因被告的行为，使其失去了"从日本出口到美国"这一市场的机会）这一主张。法院认为专利保护的方法，最终是在美国实施的，而专利权的"效力"并不及于美国，因此被告的行为不构成当时专利法第 101 条（二）意义上的法定侵权行为。③

从以上的判决意见我们可以看到，虽然日本专利法第 68 条规定专利权的排他性仅仅在于实施者是"作为企业"的情形，但日本法院认为从原则上说，专利权的"效力"不仅仅限于此情形。只要是在日本国内实施权利要求记载的全部技术特征，则原则上专利权人都应享有相关市场的排他权，对于并非作为企业的实施情形，只是出于政策的目的，对直接实施者予以豁免。故侵入相关市场的行为仍将构成法定侵权。而对于在日本境外实施权利要求记载的全部技术特征的情形，则不属于专利权效力的范围，故侵入相关市场的行为不构成法定侵权。

基于以上的原则，我们可以认为在日本，法定侵权是否独立于直接侵权行为，端赖于实施发明创造的行为发生于何处。如果是在境外实施了发

---

① 同上，"したがって、「その発明の実施にのみ使用する物」における「実施」は、一般家庭におけるものも含まれると解するのが相当であり、このように解することは、特許法 2 条 3 項の「実施」自体の意義には一般家庭におけるものも含まれると解されること（一般家庭における方法の発明の使用が特許権の効力に含まれないのは、「実施」に当たらないからではなく「業として」に当たらないからである。）とも整合する。"

② 同上，"そうすると、一般家庭において使用される物の製造、譲渡等（もちろんこれは業として行われるものである）に対して特許権の効力を及ぼすことは、特許権の効力の不当な拡張であるとはいえ、かえって、上記のような政策的考慮によって特許権の効力を制限した反面として、特許権の効力の実効性を確保するために強く求められるものともいえる。"

③ 同上，"……権利 2 の効力が及ばない米国で発明 2 の実施が行われることになるので、特許法 101 条 2 号の間接侵害を構成しないというべきである。"

明创造（即境外的行为实施了权利要求记载的全部技术特征），则在境内的行为并不构成法定侵权。如果是在境内实施了发明创造，则即使实施行为本身并不构成侵权，但日本法院仍然认为专利权人拥有进入相关市场的独占性权利，为实施人提供实施发明创造的专用物品或必不可缺的物品的行为，将可能符合专利法第101条项下的侵权。①

以此推之，对那些被法律所豁免的直接实施发明创造的行为（如专利法第69条规定的为实验或研究的目的而实施的行为），如果有人为实施人提供实施发明创造的专用物品或必不可缺的物品的行为，也将可能符合专利法第101条项下的侵权。②

二、日本专利法第101条的规定

事实上，仅从日本专利法第101条的行文上，也能推断出日本的法定侵权的成立是独立于直接侵权的。第101条所列举的行为被视为侵犯专利权或专用实施权的行为，而这些行为所导致的专利权利要求中的技术方案

---

① 有学者认为日本东京知识产权高等法院曾经判决的"一太郎"案，认可"在个人、家庭使用的场合，不管直接侵权是否成立，间接侵权成立"。见闫文军、金黎峰《专利间接侵权的比较与适用——兼评2016年最高人民法院司法解释的相关规定》，《知识产权》2016年7期。但此案中，实际上知识产权高等法院并未对此明确表达态度，而是强调此案的事实是，虽然有用户将涉案软件装到个人计算机上是为了个人或家庭使用，但这只是很小的一部分，有大量的用户仍然是作为企业在使用。因此无论是从独立说还是从从属说的立场上看，专利法第101条下的侵权都成立。见"一太郎"案，平成17年（ネ）10040号，"なお、控訴人製品については、これを専ら個人のないし家庭の用途に用いる利用者（ユーザー）が少なからぬ割合を占めるとしても、それに限定されるわけではなく、法人など業としてこれをパソコンにインストールして使用する利用者（ユーザー）が存在することは当裁判所に顕著である。そうすると、一般に、間接侵害は直接侵害の有無にかかわりなく成立することが可能であるとのいわゆる独立説の立場においてはもとより、間接侵害は直接侵害の成立に従属するとのいわゆる従属説の立場においても、控訴人が控訴人製品を製造、譲渡等又は譲渡等の申出をする行為について特許法101条2号所定の間接侵害の成立が否定されるものではない。"

② 日本学者对专利法第101条涉及实验或研究行为的适用上存在分歧。见闫文军、金黎峰《专利间接侵权的比较与适用——兼评2016年最高人民法院司法解释的相关规定》，《知识产权》，2016年第7期，"第二种情形是直接行为人系为试验研究而使用。从属说认为不构成间接侵权；而独立说的主流观点也认为不构成间接侵权。与上述主流观点相对，也有学者指出，对于方法专利而言，在这种情况下是否认定间接侵权应有别于产品专利。例如筛选方法，向试验研究者提供筛选装置软件的人，不能当然免除间接侵权的责任。"不过从"面包机"案的判决推断，对此应持独立说。

被全部实施的行为本身是否属于直接侵权，专利法第101条没有作任何规定。例如，第101条第一项的行为是"在专利为产品发明的情况下，作为企业制造、转让等，进口或许诺转让等，仅用于制造专利产品之物"。实施者只要满足这一条规定的构成要件，即构成这一项法定侵权，至于这一仅用于制造专利产品之物的买方使用它进而完全实施产品专利的权利要求的行为是否构成专利侵权，则在所不问。这不同于美国专利法明确将存在"专利侵权行为"作为构成271（b）诱导侵权和271（c）帮助侵权的条件。如271（b）规定："任何积极诱发专利侵权行为的人应承担侵权责任。"271（c）规定："任何人，在美国境内许诺销售或销售，或向美国进口，受专利保护的机器、产品、化合物或合成物的一部分，或者用于执行受专利保护的方法的某种材料或装置，且该等部分、材料或装置构成了发明创造的实质性部分，并知道上述部分、材料或装置被特别制备或修改以用于侵犯该专利权，并且该等部分、材料或装置并非通用物品或者不属于在商业上有非侵权的实质性用途的商品，则该人应承担帮助侵权责任。"

日本专利法第101条更类似于德国1981年专利法第10条的规定，即"（1）专利还进一步具有如下法律效力，即未经专利权人同意，任何第三方，如果其知道或者周围的情形已清楚表明某涉及发明关键特征手段适于且将被用于实施发明，则其不得在本法的地域范围内向有权实施专利发明的人之外的主体提供或许诺提供该手段以使其在本法地域范围内使用本专利。（2）本条（1）款不适用于可一般性获得的商品，除非该第三方诱导产品的被提供方实施第9条第2句所禁止的行为。（3）实施第11条第1至3项所列行为的人在本条第1款的意义下，不应被视为有权实施专利发明的主体"。差别在于，德国专利法第10条是通过扩展专利权的效力而对某些行为予以否定，而日本专利法第101条是通过将某些行为"视为"侵权而对其予以否定。

第四节　间接侵权与直接侵权行为的关系

一、日本专利法与民法典的关系

对于日本专利法第101条规定的侵权行为以外的其他涉及多个人共同

行为导致专利权利要求中的技术特征被全部实施的情形，和德国一样，权利人可以诉诸民法典的规定，即引用第 709 条的侵权原则性条款或第 719 条的共同侵权条款主张专利侵权。这在日本司法界和实务界都有共识。例如在回答国际保护知识产权协会（AIPPI）关于专利间接侵权中，如果卖方销售的是一个通用物品时，他是否需要对买方进行指示、建议或者诱导，才能够构成专利侵权时，日本代表团认为根据日本专利法第 101 条，卖方的教唆或诱导行为并不影响第 101 条规定的法定侵权行为的成立与否。然而，在买方的行为构成专利侵权行为时，如果通用物品的卖方被认定对其教唆或者提供了帮助，则可以认为其与买方共同参与了非法行为，因此可能根据日本民法典第 719 条第二款主张赔偿。① 在回答关于商业方法专利的共同侵权问题时，日本代表团认为日本现有的专利法第 101 条并不适用于由多个主体独立参与的商业方法专利共同侵权认定，因此可以适用日本民法典中关于共同侵权以及诱导或帮助侵权的规定。②

另外，在"FM 信号解调器"案中，日本最高法院的法官也在其判决中表达了民法典第 709 条和第 719 条能够适用于专利共同侵权案件的观点。

该案中原告拥有一个关于 FM 调制解调器的美国专利。被告在日本生产一款产品并出口到美国，由其设在美国的子公司在美国进行销售。原告主张此案根据日本的冲突法规，应该适用美国法，在被告的行为根据美国专利法 271（b）构成诱导侵权的情况下，日本法院应该禁止被告在日本境内为出口美国的目的而生产相关产品的行为，对于已经生产的产品，应该予以销毁。

日本最高法院在审理后认为，根据最密切联系地原则，应以专利注册地为最密切联系地，因此根据这项原则，本案确实应该适用美国法律。③

---

① Takeshi Aoki, Koji Akutsu, Katsumi Isogai, Yusuke Inui, Yasuharu Uchibori, Shimako Kato, Tomohiko Makino and Hikaru Watanabe, "Liability for contributory infringement of IPRs-certain aspects of patent infringement", https：//aippi. org/download/commitees/204P/GR204Pjapan. pdf, p. 4, last visted on Oct. 18, 2020.

② The Japanese Group, "The patentability of business methods", http：//aippi. org/wp - content/uploads/committees/158/GR158japan. pdf, last visited on Oct 18, 2020, p. 5—6.

③ "FM 信号解调器"案，2000（Ju）580, http：//www. courts. go. jp/app/hanrei_ en/detail? id =619, last visited on Oct 18, 2020, "Therefore, we rule that the law governing an action for prohibition and an action for destruction of the infringing goods be the law of the country where the relevant patent right was registered, and accordingly for the said action for prohibition and the said action for destruction of the infringing goods, it is adjudicated that the law of the U. S. where the said U. S. patent right was registered be the governing law。"

但日本"关于法律适用的一般性法律"（the Law Concerning the Application of Laws in General）第 33 条要求在适用外国法律时，不能违背日本的公共秩序和公共利益。① 而日本采纳了专利的地域性规则，在本案中适用美国法律的结果，将导致美国专利的效力扩展到日本。在日本与美国没有双边协议的情况下，这将导致不对等。从而损害了日本的公共利益。最后最高法院否定了原告的诉求。

值得注意的是，在井嶋一友大法官（Justice IJIMA Kazutomo）撰写的补充意见中，他特别提到，根据美国法官对美国专利法 271（b）的解释，只要直接侵权行为发生在美国境内，即使诱导行为发生在美国境外，则诱导者也可以根据美国专利法 271（b）被判定为侵权。这一立场和包括日本在内的大部分国家的立场均有不同，就日本而言，专利法并不允许将日本专利的效力扩张到日本境外的诱导行为。② 因此，即使对于一件在日本注册的专利，如果诱导或帮助行为发生在日本境外，但侵权结果延伸到了日本，亦不能轻易就认定境外的行为构成了民法下的诱导或帮助共同侵权。③ 也就是说，对于发生在日本境内的针对日本专利的诱导或帮助行为，是可以适用民法中相关规定的。

在藤井正雄大法官（Justice FUJII Masao）撰写的反对意见中，也将民法的侵权规则在专利案件中的适用作为当然的论述前提，即根据日本民法典第 709 条和第 719 条第二款，积极诱导侵犯专利权的行为应被归类于教唆和帮助行为，很显然从事该等行为的人应该被视为共同侵权者并与直

---

① Article 33 of the Law Concerning the Application of Laws in General "If a foreign law is referred to as the governing law, when the application of the provisions therein offends public order or public morals, it should not apply".

② "FM 信号解调器"案，2000（Ju）580，http：//www. courts. go. jp/app/hanrei_ en/detail? id = 619，last visited on Oct 7, 2020，"... the Patent Law of Japan without such provisions should be construed to take a stance of not allowing the validity of a Japanese patent right to extend to an act of active inducement done outside the territory of Japan."。

③ Id.，"... when an act constituting an infringement on a patent registered in Japan is carried out outside of the territory of Japan or likewise, if the result of such infringement extends to within Japan and it constitutes an act of actively inducing direct infringement in Japan, with regard to the above-mentioned act carried out overseas, it is not easy to determine whether or not the liability for a joint tort applies as a civil offense of instigating, or aiding and abetting."

接侵权的一方共同承担连带责任。[1]

由此可见，不同于美国专利法 271（b）和（c）的存在被解释为排斥了普通侵权法上关于共同侵权规则的适用，在日本民法的侵权规定是作为补充或兜底条款存在的。即使在法定侵权行为无法适用的情形，权利人也可以诉诸民法的规定来建立其请求权基础，这和德国的做法是一致的。

二、间接侵权的独立性问题

那么对于那些直接诉诸民法典中的共同侵权规则的情形，是否要求直接侵权的存在？答案似乎是肯定的。日本民法第 719 条第一款规定："因数人共同实施侵权行为加害于他人的，各自承担连带赔偿责任。不能确定共同行为人中由谁造成损害的，亦同。"第二款规定："教唆及帮助行为人的，视为共同行为人，适用前款规定。"第一款要求行为人实施"侵权行为"，第二款要求教唆和帮助者所针对的对象是那些"实施侵权行为"的人。

但当实施侵权行为的人因不是"作为企业"来实施，因而不构成专利侵权时，那么那些对其教唆或帮助的人，或者与他共同实施的人是否仍会构成共同侵权呢？

从上文对"面包机"案的分析，答案似乎是肯定的。在"面包机"案中我们看到，在日本法院的观念当中，专利法第 68 条规定的实施者必须作为企业来实施专利这一限制，并不描述专利排他权的本质，而只是出于政策的目的，对不是作为企业的直接实施者予以了豁免。因此，从专利排他权的本质上说，实施专利全部技术特征的行为均构成对排他权的侵犯，无论是否作为企业，而共同参与者则将会被认定为民法第 719 条意义上的共同侵权人。

而当涉及专利的地域性问题时，情形则与此不同。日本法院严格遵循着专利的地域性原则，实施权利要求技术特征的行为必须发生在日本境内（前述"面包机"案），或者侵害结果发生在日本境内（"FM 信号解调

---

[1] Id. , "According to Article 709, Article 719, Paragraph 2 of the Civil Code of Japan, the act of actively inducing infringement of a patent should be categorized as an act of instigating, aiding and abetting, and it is obvious that the party carrying out such act is deemed as a co-actor and should be liable for damages jointly and severally with the directly infringing party."

器"案）。

只是与直接适用专利法不同的是，日本民法典并没有对停止侵害请求权（即日本法所谓的"差止请求权"）做规定，因此如果请求权依据是来自民法第 709 条或第 719 条，则原告是否能够同时主张被告停止侵权，则不无疑问。

第五节　多主体分别侵权问题

多人各实施权利要求中的某些特征，从而导致权利要求中全部技术特征被实施的情况，是日本理论界讨论比较多的多主体分别侵权问题。尤其是随着与互联网有关的技术的重要性不断增加，多个主体分别实施方法权利要求某些步骤的情况应该如何认定侵权，变得越来越重要。

在日本，虽然理论界对此有很多讨论，但目前尚没有专门针对这一问题的判例。只能从已有的判例中推论出一些基本的方向性结论。

一、日本司法界的实践

在日本就此问题较有影响的第一个判决是东京地区法院 2001 年判决的"制作电沉积图像方法"案。[①] 该案涉及一项专利号为 2695752 的制作电沉积图的方法，该方法有一个步骤为"在从支撑基板上剥离电沉积图像时，电沉积图像通过固定粘合剂层固定到被粘物的表面上"（前記支持基材から前記電着画像を剥離しつつ、前記固定用接着剤層を介して前記電着画像を被着物の表面に貼付けることを特徴）。

被告生产制造一种使用专利方法的铜板，被告在生产的最后一步，会剥离电铸层，并且将隔离纸贴敷上后，就打包销售给表盘制造商。表盘制造商得到产品后，会撕下隔离纸，并将带有电沉积图的铜板通过粘合剂粘贴到表盘上。

原告主张被告完全实施了其技术方案，虽然最后一个步骤由被告的客

---

① "制作电沉积图像方法"案，平成 12 年（ワ）20503 号。

户来实现，但客户的行为应被视为被告自己的行为，因为剥离隔离纸并将产品粘贴到表盘的动作只是一个机械步骤（"機械的な工程"），被告的客户作为一个企业在购买到被告的产品后总会执行该步骤，因此客户实际上是作为原告的"手"和"脚"在行动。① 这里原告主张客户的动作只是一个"机械步骤"，可能是由于相对于发明创造整体而言，客户所需要采取的行动是必然的，也是很简单的，并不在技术上涉及任何的判断。

法官支持了原告的意见，认为被告的客户购买到产品后，除了剥离开上面的粘贴纸后将其粘贴于表盘外，并没有其他用途，从被告制造的产品的逻辑出发，他不可能考虑到客户还会有其他用途，其客户如此使用他的产品也是理所当然的。② 换句话说，被告对于其客户如此的行为是有预见的。③ 因此，可以认为被告的用户不过是被告实施该方法所使用的一个工具（"を道具として実施"）而已，故被告构成专利侵权，除损害赔偿外，也依据日本专利法第100条判决其停止侵权。④

另外，法官还特别提到了对于被告出口的产品，将该产品粘贴到表盘的行为将发生在日本境外。在这种情形下，权利要求部分技术特征在境内执行，部分在境外执行，而由于专利的效力仅在日本境内有效，由于在境内并未完全实施权利要求的技术方案，因此这种情况下不能认定专利被全部实施而构成侵权。

---

① 同上，"すなわち，被告は，文字盤製造業者をいわば手足として，上記構成要件⑥を実施しているのにほかならない。"

② 同上，"被告製品には，他の用途は考えられず，これを購入した文字盤製造業者において上記の方法により使用されることが，被告製品の製造時点から，当然のこととして予定されているということができる。"

③ Miyuki TSUYUKI, "Study on Constructing a Theory Toward Solving Diversified Indirect Infringements", *IIP Bulletin*, 2013, p. 5, "This statement shows that this holding is the same as stating that where a person who delivers a product to the final process predicts infringement of a patent right, such person's act can constitute an act of infringement."

④ Japan's Patent Act, http://www.japaneselawtranslation.go.jp/law/detail/? id = 3118&vm = 04&re = 0, last visited on Oct 7, 2020, "Article 100 (1) A patentee or exclusive licensee may file a claim against a person that infringes or is likely to infringe the patent right or exclusive license for the cessation or prevention of the infringement. (2) In filing the claim under the preceding paragraph, the patentee or exclusive licensee may demand measures necessary for the prevention of infringement, including the disposal of products constituting the act of infringement (if the patented invention is a process by which a product is produced, this includes articles produced through infringement; the same applies in Article 102, paragraph (1)) and the removal of equipment used to infringe."

　　另一个在日本广受关注的案件也是东京地方法院于 2007 年 12 月 14 日判决的"眼镜镜片生产系统"案。[①] 该案涉及 4 项专利，分别为一项方法专利和三项系统专利。涉及的技术方案的基本原理是由眼镜店获取客户需要的视力矫正信息以及其选择的镜架的相关 3D 模型信息，并通过电脑发送给制造商，制造商获得相关信息后进行计算，得到镜片信息。之后制造商可以根据这些信息对镜片进行打磨，并将打磨好的镜片寄送到眼镜店。本案的被告是一个制造商，他向眼镜店提供其 SAPOTSYSTEM 系统，并且通过系统向眼镜店提供镜片打磨服务。

　　本案涉及多个主体共同的行为导致专利权利要求中的技术特征被实施的情形。

　　原告认为其专利本身涉及两个主体的共同行为。就其方法专利而言，某一主体 A 实施了权利要求中的部分技术步骤，某一主体 B 实施了权利要求中的部分技术特征，在如下的情形下，可以认定主体 A 是将主体 B 的行为作为其自己的行为进行使用：从实现发明的效果和目的上看，当 B 实施专利的部分步骤对他而言具有很大的可能性且 A 希望 B 实施这些步骤。在这种情况下，由于主体 B 的行为应被视为主体 A 的行为，因此 A 构成侵权并应该被判决停止侵权。而本案中，被告和眼镜店的关系正是上述 A 主体和 B 主体的这种关系。眼镜店的行为应被视为被告的行为。[②]

　　就其系统专利而言，核心是要看某一主体是否"使用"了专利保护的系统，即要分析其行为与发明的目的和技术效果实现之间的因果关系。具体而言，原告主张从两方面分析。一是该主体是否对被控侵权系统具有足够的影响力，例如对被控侵权系统是否有一定的支配管理关系，在对被控侵权系统的使用上是否起主导作用，等等；二是综合考虑

---

① "眼镜镜片生产系统"案，平成 16 年（ワ）25576 号。

② 同上，"本件発明 1 のように，発明自体において複数主体の工程を含む発明においても，他人の行為を自己の行為として利用していると評価される場合，すなわち？＠作用効果発揮のために，構成要件要素たる手順が行われるべき蓋然性を認識し，その実現を意欲していること，？Ａ作用効果発揮のために，構成要件要素たる他人の手順を利用する関係にあること，？Ｂ差止めが侵害行為除去のため実効性を有することとの要件が満たされる場合には，構成要件の一部に該当する行為を行う他者の行為をその他の構成要件に該当する行為を行っている者による行為と評価してよいと解される。……本件では，眼鏡店の行為を被告による行為と同視することが可能である。"

发明目的、发明效果和当事人的获利，以判断被控侵权系统是否被使用于实现发明目的。① 而本案中，被控的被告系统正是用于将眼镜店的信息和制造商的电脑处理进行协调，当系统被启动后，制造商即可在其电脑上通过被控侵权系统操作眼镜店的信息，这就类似于使用在机器上的按钮来操作机器。

而被告的抗辩依据则很类似于美国法下的单一主体原则。被告认为只有当存在单一的主体实施了权利要求中的所有技术特征时，侵权才能成立。② 例外仅限于间接侵权的情形③以及某一方承担了主要角色，以致其他方只是他的工具的情形。而在本案中，使用被告系统的各方都是独立的主体，不存在某一方作为另一方工具的情形。被告认为原告完全可以通过单侧撰写的方法来避免这一问题，即只针对制造商的一侧或眼镜店的一侧的行为或系统来撰写，从而避免提及另一侧的动作。

法院在本案中首先从权利要求记载的技术特征是否被完全执行的角度，驳回了原告就第一项专利（方法专利）、第二项专利和第四项专利的主张。只认为被告的系统落入了原告的第三项专利，该专利名称为"眼镜镜片生产系统"。就多主体共同的行为导致专利权利要求保护的系统特征被实施的问题，法院首先认为该发明仍然主要是从制造一方的角度来定义了该发明的系统。该专利权利要求中确实涉及了眼镜店一方（即下订单方）的系统部件，但这是基于本发明的实质而做出的描写，这并无不妥。④ 法院同时也认定，根据专利的记载，下订单方与制

① 同上，"そして，ある者の行為が当該物の発明の使用に当たるか否かは，当該特許発明の目的・作用効果と行為者の具体的な行為の双方を特定した上で，？ ＠当該者による行為と当該特許発明の目的・作用効果の実現との間に一定の因果関係を認めることができるか，？ Ａ当該者が被疑物件に対して一定の影響力（例えば，一定の支配管理関係の有無，利用についての主導的役割の有無等）を及ぼしているか，？ Ｂ当該特許発明の目的・作用効果の実現によって当該者が何らかの経済的利益を享受しているかといった諸要素を総合的に検討した上で，当該者が，「発明の目的を達成するような方法で当該物を用い」たと規範的に評価できるか否かを具体的に判断すべきである。"

② 同上，"ある特許の特許請求の範囲に記載されたすべての構成要素を単独の者が行ってはじめて，その者について当該特許の侵害行為が成立するのであり，その例外は，間接侵害の場合に限られる。"

③ 即专利法第101条规定的法定侵权的情形。

④ 同上，"本件発明3は，……主として「製造側」の観点から規定する発明である。……2つ以上の主体の関与を前提に，実体に即して記載することで足りると考えられる。"

造方之间是独立的关系，下订单方并非制造方实施权利要求记载的技术特征的帮助方①——这样一来，法院就否定了"制作电沉积图像方法"案中建立的考察一方是另一方的"工具"的做法在本案中仍有适用的空间。既然下订单方（在被告的系统的实际使用场景中，是眼镜店）与制造方（即被告）是独立的关系，则不存在某一方是另一方的"工具"的情形。

尽管如此，法院认为在本案中是否存在这样的关系并不重要。因为就系统而言，核心在于谁在根据专利法第 2 条第三款的规定使用这个系统，这要视该系统由何人控制管理而决定。②

换句话说，在东京地方法院看来，如果系统由某一主体控制管理，则他操作系统的行为即算作专利法第 2 条第三款意义上的使用系统的行为。这一判决其实类似于美国的 Centillion Data Sys., LLC v. Qwest Communs. Int'l 案，③ 联邦巡回上诉法院在该案中将对系统权利要求的"使用"定义为"使发明得以运转"（put the invention into service），即"以整体的方式控制系统并从其中获得效用"。而所谓的使发明得以运转，就是指权利要求的所有技术特征都按照权利要求描述的方式进行运转，但这些部件并不一定非要在使用者的物理控制之下。控制人即能够决定何时开始启动该系统的人。

本案虽然涉及了多主体的行为，但由于方法专利在技术特征比对阶段就被法院认定被告和眼镜店的行为未落入其权利要求之内，因此法院并未真正对多主体侵权问题进行过判断。在本案中法院提出的"控制"标准，并不描述多主体之间的关系，而是描述某一主体与涉案系统的关系。如原告所言，当他对涉案系统具有控制权时，他的使用不过就像是按下了一个按钮一样。这个逻辑其实和对装置权利要求保护的发明的使用是一致的。例如对一部手机的使用，用户真正接触到的只是一个部件，即手机的触屏，而手机后面的零部件用户并不直接使用，而是通过触发来控制其运转。一个系统权利要求只不过是将这些部件在距离上扩大，并通过无线或有线传输信号来控制而已，性质上

---

① 同上，"そして、「発注側」は、「製造側」とは別な主体であり、「製造側」の履行補助者の立場にもない。"
② 同上，"……当該システムを支配管理している者はだれかを判断して決定されるべきである。"
③ Centillion Data Sys., LLC v. Qwest Communs. Int'l, 631 F. 3d 1279 (2011).

并未改变什么。

2010 年日本知识产权高等法院判决的"互联网号码"案①是日本有关多主体共同行为导致权利要求中记载的技术特征被全部实施的另一个判决。该案涉及专利号为 3762882，经多次补正修改后，其权利要求 1 为：一种通过包括了互联网的计算机网络为从客户端到服务器的信息页面提供接入（アクセスを提供する）的方法，包括由所述的客户端提供一项描述符的步骤，其中描述符对应一个单一的目标 URL；目录服务器通过使用一个在所述目录服务器当中的翻译数据库将所述描述符映射到（にマッピング）URL 的步骤；所述目录服务器将带有所述 URL 的 REDIRECT 命令返回给所述客户端的步骤；使所述客户端使用所述 URL 自动要求信息的步骤；以及将根据所述 URL 所识别的网页显示在客户端一侧的步骤。

该案首先在东京地方法院初审。初审法院判决原告的专利无效，② 之后原告上诉到知识产权高等法院。知识产权高等法院推翻了原审法院的无效认定，并最终判决被告构成侵权。

被告是一家网络服务公司，使用其服务，用户可以直接在页面上用日语输入要访问的地址名称，即可以自动链接到要访问的网站，而无须像一般我们使用互联网一样，需要在浏览器输入框中输入 www. microsoft. com，或 www. google. net 等域名网址。

可以看到，本专利权利要求中描述了客户端和服务器端的行为，因此在执行上必然涉及用户和服务器运营商两个主体。对此，原告分别依据工具理论、共同侵权理论及法定侵权理论主张被告应承担的责任。

在适用工具理论时，原告一方面诉诸"制作电沉积图像方法"案思路，主张用户只是被告实现本发明的一种工具，因此被告构成直接专利侵权；另一方面也诉诸"眼镜镜片生产系统"案的思路，主张被告控制着服务器，并且积极地推广其服务，用户也正是根据其指示在客户端进行操作以使用其提供的服务。因此原告认为被告对系统和用户的行为都在进行控制和管理；此外，原告在适用工具理论时，也将被告获得利益作为一个

---

① "互联网号码"案二审判决，平成 20 年（ネ）10085 号，判决书官方英文翻译见 http：//www. ip. courts. go. jp/app/files/hanrei_ en/161/000161. pdf，2020 年 10 月 18 日最后访问。
② "互联网号码"案一审判决，平成 19 年（ワ）2352 号。

论点。

对此，被告主张是用户而非被告在使用该方法。

在适用共同侵权理论时，原告主张被告和用户构成共同侵权责任，被告也应承担直接侵权责任。在客观方面，原告认为被告和用户的行为共同导致权利要求记载的所有技术特征被实施；在主观方面，原告主张被告知道当用户使用其客户端时，会使该方法被执行，并且也鼓励客户这样做；而本发明由于客户端使用的都是现代社会活动主体通常配备的普通计算机，这些计算机必然会连接到互联网，权利要求中记载的客户端的动作这一特征只是为本发明设置了一个环境而已，并非本发明的核心，因此无须去考虑用户的主观状态。即使要考虑，用户也对其使用该服务将会链接到相应的网页，也即对与被告合作来执行专利所保护的方法有足够的认识。对于专利法第68条要求的"作为企业"这一点，原告认为用户的行为只是被告使用专利方法的补充，因此即使用户是个人，也不影响对被告追究共同的直接侵权的责任。

在适用法定侵权（在原判决中称为间接侵权）理论时，原告主张被告向客户发送的REDIRECT指令信号属于"仅用于该方法的物品"（专利法第101条四）或"为实现发明目的必不可少的物品"（专利法第101条五）。[①]

不过，日本知识产权高等法院最后并没有采纳上述原告的任何主张，而是站在对权利要求的解释的角度，认为本发明的主题是一种"提供接入的方法"（method of providing access），而不是"接入的方法"（method of accessing），权利要求1中所描述的各步骤（包括从"由所述的客户端提供一项描述符的步骤"到"将根据所述URL所识别的网页显示在客户端一侧的步骤"这些步骤）定义了本发明所"提供"的"接入"所需要的步骤。因此，实施本发明的人是"提供接入"的人，正如被告向用户提供了被告的方法并且实施被告的服务。被告允许用户根据被告提供的方法来访问网页，这就已经表明被告"提供了访问"，因而落入权利要求的保护范围。

对于用户的行为，由于本发明是"提供访问"的方法而非"访问

---

① 以上原告和被告的主张参见"互联网号码"案一审判决，平成19年（ワ）2352号。

的方法"，因此用户是否进行了特定的访问，并不影响侵权的认定，① 客户端的特定访问是否落入发明的范围取决于被告要求客户端在发送请求信号时所带有的"描述符"是否符合本发明的要求，② 而非用户自己的实施行为，因此没有必要去阐述"缺乏客户端个别访问行为"会导致对发明的实施不完整的情况。③ 只要被告"提供接入的方法"落入了权利要求的范围，则被告"提供"该方法的行为就可以被视为实施本发明。

　　另外，在对"访问"这一词进行解释时，法官也提到"提供接入"的行为人也应被默示为服务器的管理者，并且在判断谁应该承担停止侵权或销毁侵权物品的责任时，也要考虑服务器被建立和管理的状态。在认定了该专利是关于"提供接入"的方法而非"接入"的方法之后，法官即可以认定被告是作为系统的管理者或控制者（虽然这不是一个系统专利），应该承担相应的责任。

　　在本案中，法官通过对权利要求的解释，强调发明的主题是"提供"接入方法而非"接入"方法，而回避了原告在其诉求中提出的对用户行为的考察，即用户的行为是否可以被视为被告的"工具"，或用户是否与被告共同侵权。

---

① "互联网号码"案二审判决，平成 20 年（ネ）10085 号，"しかしながら，上記のとおり，本件発明は「アクセス」の発明ではなく，「アクセスを提供する方法」の発明であって，具体的にクライアントによるアクセスがなければ本件発明に係る特許権を侵害することができないものではない。"这句话中文翻译可以为"如上所述，本发明不是'接入'的发明专利，而是'提供接入方法'的专利，并非是没有具体的客户端的访问就不会侵犯与本专利相关的专利权"。官方发布的英文版翻译为："However, as mentioned above, the Invention is not an invention of 'access,' but an invention of the 'method of providing access.' The patent right for the invention would not be infringed without specific access by a client." 即"没有客户端的特定接入的情况下，不会构成侵权"。从上下文看，官方的英文翻译似乎为误译，本段最后说明没有必要去阐述"缺乏客户端个别访问行为"会导致对发明的实施不完整的情况。
② 同上，对技术特征 B 的解释。
③ 同上，"また，本件発明に係る「アクセスを提供する方法」が提供されている限り，クライアントは，被控訴人方法として提供されるアクセス方法の枠内において目的の情報ページにアクセスすることができるにとどまるのであり，クライアントの主体的行為によって，クライアントによる個別のアクセスが本件発明の技術的範囲に属するものとなったり，ならなかったりするものではないから，クライアントの個別の行為を待って初めて「アクセスを提供する方法」の発明である本件発明の実施行為が完成すると解すべきでもない。"

二、日本学者对多主体分别侵权问题的理论探索

虽然日本法院对于多主体专利侵权这一问题的判决尚没有特别典型的判决，但日本学者对这种现象的讨论已经很多了。尤其是在互联网技术发展的情况下，日本学者敏锐地看到了商业方法、通信方法等技术都涉及两个以上主体的行为合并在一起实施专利所保护的技术方案的情形。

由于专利法并未直接规定这种情况如何处理，因此日本学者尝试发展各种理论来解决。其中一种比较流行的理论是被称为共同直接侵权（joint direct infringement）的理论。该理论最初是为解决在一个分布式处理网络中，多个主体执行了"一个单独的"侵权行为的情形。这种情形下，网络中有多个服务器，权利要求的技术特征由每个服务器执行，但各主体只是共同执行一个操作，而不是在各服务器上分别操作。①

但后来该理论被用在多个主体分别实施权利要求中的某些技术特征的情形。这就造成了一个问题，即多个主体的行为如何能够被视为"一个单独的"行为？日本学者目前普遍的观点是，从一个客观的角度审视，根据多主体相互间的联系，看其行为是否应实际被看作"一个实施行为"。这种情况下，实施了专利方案实质性部分的一方应被视为直接侵权方。②

然而关于什么样的"多主体间相互的联系"能够使其行为被视为"一个实施行为"，则各学者间也有不同观点。归纳起来，主要的观点有：（1）多主体间需要有主观的共同故意（即采侵权法上的主观关联说）；

---

① Hisao Shiomi, "Contemporary Problems on Japanese Patent Law from the Perspective of the European Patent Law—Analysis of the Framework on Infringement by Multiple Infringers under the Patent Law（The Case of Indirect Patent Infringement）", *IIP Bulletin*, 2004, p. 123, "Joint direct infringement originally assumes cases in which multiple parties（Y and A）carry out a single act of infringement in distributed processing of a network, and multiple servers are included in the constituent features."

② JEON, SeongTae, "A Study on Joint Infringement of Network-related Patent—Focused on the Comparisons of the Cases and Theory in Korea, Japan and United States", *IIP Bulletin*, 2015, p. 60 – 61, "A majority of the Japanese scholars takes an affirmative position with regard to legally assessing the one who partially implemented the essential elements of patented invention to be the acting entity for the direct infringement of the relevant patent…if it appears that the conduct of multiple parties was one implementation act from an objective standpoint because they are related to each other, then it will be reviewed whether the patent invention's essential elements were satisfied based on the joint implementation act."

（2）只需主观上对双方的行为有认识即可，无须共同故意；（3）一方对另一方有控制关系；（4）一方对被控侵权的系统或过程有控制力，并且从中获得了利益。第（4）种途径是参考日本最高法院在版权法上做出的判例，即被控侵权人对被控侵权系统有控制权且从其控制中获得了利益。① 但从我们上面分析的"眼镜镜片生产系统"案和"互联网号码"案的判决中可以注意到，虽然原告在其诉讼中都以被告对其系统或方法具有控制权并且从中收获了利益来主张其侵权，但法院并未考虑被告获得利益的情况。这可能是日本法院对待专利与版权问题上的一个不同。

值得一提的是，对于各主体之间是否采主观关联共同说，即是否需要行为人之间具有共同故意的问题，日本知识产权高等法院在 2014 年就"金属棚车"案作出过判决，确定在专利案件中，共同侵权人只需具有客观的关联共同性（"客観的に密接な関連共同性"）即可。② 该案中原告 Sakae 株式会社拥有一件关于金属棚及其制造的马车的专利，两家被告公司之一的 Koji 产业株式会社生产侵权产品后并将其产品全部销售给另一被告公司 Trasco 中山株式会社，Trasco 销售给最终的消费者。法院认为只要各行为在客观上具有紧密的关联共同性，则各侵害者即应为他人的行为承担损害赔偿责任。本案中由于 Koji 制造产品时，预期 Trasco 将全部购买其产品，并且 Trasco 通过向 Koji 独家采购的方式，可以确保其供货。法院据此认为两家公司就侵权产品具有生产和销售的合作，在客观上具有紧密的关联共同性，因此应就损害赔偿承担连带责任。

本案中法院关于民法共同侵权的规则（即客观关联共同说）也应适用于专利案件的观点值得注意。但要承认的是，共同直接侵权的情形与此案有一个显著的不同，即本案中并不存在多人行为共同导致权利要求中所有技术特征被实施的情形。这一核心的不同可能导致如果把传统意义上的客观关联共同说直接适用于共同直接侵权的情形，将过宽地拓展专利权人的权利。因为共同直接侵权在本质上说，其实是对"全要件原则"的突

---

① Hisao Shiomi, "Contemporary Problems on Japanese Patent Law from the Perspective of the European Patent Law—Analysis of the Framework on Infringement by Multiple Infringers under the Patent Law（The Case of Indirect Patent Infringement）", *IIP Bulletin*, 2004, p. 124.

② "金属棚车"案，平成 25 年（ネ）第 10025 号，"……各侵害者の行為に客観的に密接な関連共同性が認められる場合など，各侵害者に，他の侵害者による行為によって生じた損害についても負担させることを是認させるような特定の関連性があることを要するというべきである。"

破而对专利权人权利的拓展。这种拓展意味着社会公众自由活动空间的减少，因此拓展到什么程度，正是在考虑共同直接侵权中各主体之间应具有怎样的关系时，需要考虑的问题。这也是为什么有日本学者主张不能简单套用传统的共同侵权理论，而应该将竞争政策因素纳入考量。[1]

另外，也有学者提议从等同原则的视角来解决多主体侵权的问题，即当某一主体执行了权利要求中的主要技术特征时，是否可以"等同地认为"专利全部特征被实施了。也就是说，无论其他主体是否实施其他特征，只要已被实施的部分与整个权利要求相比可以认定是采取基本相同的手段、实现基本相同的功能、达到基本相同的效果，即可认为实施主要技术特征的行为人构成专利侵权。这种观点是针对前述"制作电沉积图像方法"案的法院判决而来的。有学者批评此案法官将表盘制造商视为被告的工具的认定标准过于宽松。某一主体要被认定为另一主体的"工具"，他们中间必须有主观上的合意才可以。[2]

等同原则的理论将传统的针对每个技术特征做判断的侵权原则扩展到对整个权利要求的考察上，实际上是企图忽视掉一些由其他主体执行的技术特征来认定执行了主要技术特征的主体侵权。这其实是一种"多余指定原则"的思路，而"多余指定原则"与当今世界各国普遍接受的全要件原则是矛盾的，因此这种理论恐怕难以被实务界所接受。

除上述种种外，也有日本学者尝试从民事侵权法的"不作为侵权"理论出发为多主体侵权问题找到解决思路，提出风险规避义务理论。

"不作为侵权"理论是日本最高法院在1987年通过判例承认的一项侵权理论。该案中，五个学生在铁道旁聊天，其中三个学生进入铁道并在其上放石块。另外两个学生 Y 和 A 在外面放风。之后 Y 和 A 告诉进到铁轨中的学生不要在铁轨上放石头，但其他三个学生没有将已经放上的石头清理干净。后来火车经过铁轨，造车脱轨事故。铁道公司将包括 Y 在内

---

[1] Hisao Shiomi, "Contemporary Problems on Japanese Patent Law from the Perspective of the European Patent Law—Analysis of the Framework on Infringement by Multiple Infringers under the Patent Law（The Case of Indirect Patent Infringement）", *IIP Bulletin*, 2004, p. 124, "In other words, the mode of Y（指某一实施部分权利要求技术特征的主体——笔者注）'s acts other than Y's act of working the invention is taken into consideration, which indicates a concept that has the nature of unfair competition law, quite different from the conventional framework of real rights."

[2] Id., p. 124.

的学生家长一起起诉。日本最高法院认定，"被告 Y 虽然就放置石块本身与其他行为人既无共同认识又无共谋，并且事前也无认识，但在现实地看到了同伴放置石块时，可以说为回避该事故采取措施是可能的时候，则负有对此采取措施防止事故发生于未然的义务，违反该义务的场合得成立不作为的侵权行为"[1]。这项理论给予那些因其某种行为而将他人的完整利益（integrity interest，包括了生命、健康和财产）置于危险当中的人以适当的责任。

由此提出的风险规避义务理论，将实施了权利要求中记载的部分技术特征视为将一项专利权置于危险当中，当他符合如下全部要求时，其行为构成侵犯专利权：（1）他预料到其行为会将专利权人的专利置于危险当中；（2）通过和其他行为人的商业活动，他知道其行为和其他人的行为结合在一起，将落入专利权的范围之内；（3）他可以采取措施避免侵犯专利权人的专利；（4）由于他未采取措施，专利权人的专利被侵犯。[2]

这个理论的一个问题是，其首先假定"权利要求的技术特征被全部实施"意味着"权利受到了侵害"，因此才会出现行为人部分实施技术特征，意味着"将权利置于被侵害的危险当中"这一认定。但是，"权利受到了侵害"本身是一个带有法律价值的评价，受到各国法律政策的影响。作为不同于传统的民事权利的知识产权，"权利要求的技术特征被全部实施"与"权利受到侵害"之间并没有必然的逻辑联系。最典型的，如在日本，由个人将权利要求的技术特征全部实施，这并不被法律做否定性评价而认定为"权利受侵害"；再比如在美国，联邦巡回上诉法院也一直否认这两者之间的必然联系，而是强调需由单一主体将权利要求的技术特征全部实施，才可以认定为"专利权受到了侵害"。德国专利法第 10 条（1）规定："专利还进一步具有如下法律效力，即未经专利权人同意，任何第三方，如果其知道或者周围的情形已清楚表明某涉及发明关键特征手段适于且将被用于实施发明，则其不得在本法的地域范围内向有权实施专利发明的人之外的主体提供或许诺提供该手段以使其在本法地域范围内使用本专利。"在这里也只是强调了"被用于实施发明"，而不对"实施发

---

[1] 于敏：《日本侵权行为法》，法律出版社 2015 年版，第 46 页。

[2] Miyuki TSUYUKI, "Study on Constructing a Theory Toward Solving Diversified Indirect Infringements", *IIP Bulletin*, 2013, p. 8.

明"是否一定构成侵权进行认定，也说明德国法律认为两者将不一定存在必然联系。

通过对上述日本案例的分析和日本学者提出的各种理论的介绍，我们可以对目前日本多主体分别侵权的情况做如下的小结。

（1）对于多主体共同行为导致权利要求的技术特征被实施时如何适用日本民法第 719 条的问题，日本法院目前尚未对这一问题进行过明确的判决。无论是"眼镜镜片生产系统"案还是"互联网号码"案，法院都回避了多主体之间要构成日本民法典第 719 条第一款意义上的共同侵权，应该具有一种什么关系的问题。只有"制作电沉积图像方法"正面涉及此问题，但法院也并未依据民法典第 719 条来判断，而是直接适用工具理论，将表盘商视为被告的工具。由"制作电沉积图像方法"案，我们可以就多主体分别侵权在日本的法院中的认识推论出如下一些结论：第一，如果某一主体实施了权利要求中的某些特征，当其实施的结果，使得另一个或多个主体只能"机械地"（即相对于整体发明而言必然的且简单的操作）实施权利要求中其他的特征，从而导致权利要求的全部特征都被实施时，这时其他主体可能被认定为前一主体的"工具"，从而其行为被归属于这一主体。第二，这种情况下，该主体被视为完全实施了专利权利要求的所有技术特征，因而违反了专利法第 68 条而非民法典第 709 条或第719 条。权利人依据专利法第 100 条主张停止侵害请求权（差止请求权）将会得到法院的支持。第三，如果有任何一项实施权利要求技术特征的行为发生在日本境外，则不构成专利侵权。

另外，根据前述我们对"面包机"案的探讨，在日本法院的观念当中，专利法第 68 条规定的实施者必须"作为企业"来实施专利这一限制，并不描述专利排他权的本质，而只是出于政策的目的，对不是"作为企业"的直接实施者予以了豁免。因此，从专利排他权的本质上说，无论是否作为企业实施专利权全部技术特征的行为均构成对排他权的侵犯，而共同参与者则将会被认定为民法第 719 条意义上的共同侵权人。

日本法院所采用的工具理论，其实和德国与美国采取的归咎理论有相似之处，即在存在多个主体共同行为导致实施专利权的情形下，将某些人的行为归咎于某一主体。我们在本书的第二章已经讨论过，德国的归咎理论着眼于各人的行为与专利保护的技术方案的发明目的之间的关系，而在美国，则着眼于行为人之间的法律关系。日本的这种工具理论，则似乎更着眼于原被告之间在主观联络上的关系，例如有学者认为"制作电沉积图像方法"的判决意味着法院要求被归咎的一方对他人的行为具有预见性，① 而批评这一判决的人则主张仅有预见性是不够的，还需要二者具有主观上的合意。②

（2）日本学者们一直在尝试构建恰当的理论，厘清侵权与非侵权的界限，并且在这种理论的构建中，也倾向于从专利法直接获得请求权依据，而非根据民法第 719 条。③ 这可能有两方面的原因：一方面是由于日本民法传统上将 719 条解释为适用客观关联共同说，因此日本学者们对于将民法第 719 条直接适用于多主体分别侵权的案件似乎也持犹疑态度，担心过度扩展专利权；另一方面是由于日本民法典并没有直接对停止侵害请求权（即日本法所谓的"差止请求权"）做规定，因此如果请求权依据是来自于民法第 709 条或第 719 条，则原告可能并不能同时主张被告停止侵权。④

---

① Id., p. 5, "This statement shows that this holding is the same as stating that where a person who delivers a product to the final process predicts infringement of a patent right, such person's act can constitute an act of infringement."

② Hisao Shiomi, "Contemporary Problems on Japanese Patent Law from the Perspective of the European Patent Law—Analysis of the Framework on Infringement by Multiple Infringers under the Patent Law (The Case of Indirect Patent Infringement)", *IIP Bulletin*, 2004, p. 124, "It is inappropriate to apply the tool theory to such cases as the electrodeposited image case where Y and A have no subjective association and collaboration."

③ JEON, SeongTae, "A Study on Joint Infringement of Network-related Patent—Focused on the Comparisons of the Cases and Theory in Korea, Japan and United States", *IIP Bulletin*, 2015, p. 60—61, "From the position of the Patent Act that the direct infringement of a patent does not negate the fact that it was committed jointly by many parties…"

④ Agnieszka Kupzok, "Enforcement of Patents on the Internet-Challenges, Trends, and Approaches", *IIP Bulletin*, 2011, p. 3, "In addition to the infringement provisions enshrined in the Patent Act, joint tortfeasorship on the basis of Article 719 and active inducement on the basis of Article 719 (2) of the Civil Code may be analyzed. In case of a claim under civil code, the patentee can seek damages according to article 709 of the Japanese Civil Code but not injunctive relief."

第四章 中国专利共同侵权制度研究

第一节 中国专利法的侵权架构体系

一、立法层面的规定

中国的专利法立法受大陆法系的影响较深。专利法（即 2009 年 10 月 1 日起实施的专利法；在 2021 年 6 月 1 日起实施的专利法亦同）第 11 条第一款规定："发明和实用新型专利权被授予后，除本法另有规定的以外，任何单位或者个人未经专利权人许可，都不得实施其专利，即不得为生产经营目的制造、使用、许诺销售、销售、进口其专利产品，或者使用其专利方法以及使用、许诺销售、销售、进口依照该专利方法直接获得的产品。"第二款规定："外观设计专利权被授予后，任何单位或者个人未经专利权人许可，都不得实施其专利，即不得为生产经营目的制造、许诺销售、销售、进口其外观设计专利产品。"相似的规定在之前中国的专利法中均列为第十一条，差别主要在于对专利权的权能方面。

这是目前中国在立法层面唯一关于专利权效力的规定。从我们第二章对德国专利制度的研究可以知道，就专利权效力的规定，中国专利法在立法层面与德国 1981 年之前的专利法是相似的，表现为：第一，只规定了所谓的直接侵权的情况，而未对间接侵权做出任何规定；第二，专利实施者的主观意图是构成直接侵权的要件之一，即专利实施者必须是"为生产经营目的"实施，才构成专利侵权，非为这一目的而为的实施行为，不构成专利侵权。

专利权在中国被视为一种民事权利，受一般民事法律的调整。1987年1月1日起实施的民法通则第95条规定："公民、法人依法取得的专利权受法律保护。"2010年7月1日实施的侵权责任法第2条规定："侵害民事权益，应当依照本法承担侵权责任。本法所称民事权益，包括……专利权……"2020年通过的民法典第123条规定："民事主体依法享有知识产权。知识产权是权利人依法就下列客体享有的专有的权利：……（二）发明、实用新型、外观设计；……"

所以，一般民事法律对专利权的保护起着"兜底"和补充作用，这意味着民法典侵权责任编关于共同侵权的规定，同样适用于有多人参与的专利侵权案件。相关的规定包括第1168条："二人以上共同实施侵权行为，造成他人损害的，应当承担连带责任。"第1169条："教唆、帮助他人实施侵权行为的，应当与行为人承担连带责任。"第1170条："二人以上实施危及他人人身、财产安全的行为，其中一人或者数人的行为造成他人损害，能够确定具体侵权人的，由侵权人承担责任；不能确定具体侵权人的，行为人承担连带责任。"第1171条："二人以上分别实施侵权行为造成同一损害，每个人的侵权行为都足以造成全部损害的，行为人承担连带责任。"以及第1172条："二人以上分别实施侵权行为造成同一损害，能够确定责任大小的，各自承担相应的责任；难以确定责任大小的，平均承担责任。"

二、司法解释的规定

但受国外立法的影响，再加上社会对加强专利权保护以刺激创新的强烈要求，间接侵权制度在我国有很大的需求，不仅学术界有大量的讨论，实务中也有很多案例出现，下级法院亟须有明确的指导标准。在这样的背景下，最高法院于2016年颁布的《关于审理侵犯专利权纠纷案件应用法律若干问题的解释（二）》中，对"间接侵权"的问题从司法解释的层面给出了规范性标准。该解释第21条第一款规定："明知有关产品系专门用于实施专利的材料、设备、零部件、中间物等，未经专利权人许可，为生产经营目的将该产品提供给他人实施了侵犯专利权的行为，权利人主张该提供者的行为属于侵权责任法第九条规定的帮助他人实施侵权行为的，人民法院应予支持。"第 21 条第二款规定："明知有关产品、方法被授予专利权，未经专利权人许可，为生产经营目的积极诱导他人实施了侵犯专利权的行为，权利人主张该诱导者的行为属于侵权责任法第九条规定的教唆他人实施侵权行为的，人民法院应予支持。"

从最高法院的这一司法解释的行文架构上，我们可以看到其明显受美国专利法影响。美国专利法第 271 条（b）对诱导侵权的情形做了规定，第 271 条（c）则对帮助侵权的情形做了规定。这与中国最高法院的司法解释中将帮助行为与诱导行为分作两款规定是一致的。

但是中国最高法院的规定也有其自身的特点。最明显的一点，就是最高法院将第 21 条所界定的帮助行为和诱导行为与侵权行为法第 9 条（即民法典第 1169 条，下同）勾连起来，将其作为第 9 条规定的"教唆、帮助他人实施侵权行为"的情形。这种勾连具有合理性。作为法律的解释机关而非创设机关，最高法院显然没有权力在全国人大的立法之外，创设新的侵权形式，所以将侵权行为法作为司法解释的立法来源，是一个当然的路径。

但也正是因为这样的路径，导致了最高法院司法解释与美国专利法的如下相同与差别。

相同点在于，都是以存在直接侵权为前提。美国专利法第 271 条（b）规定了诱导他人"专利侵权行为"的人，第 271 条（c）也规定了提供的构成实质性部分的部分、材料或装置要用于"侵犯专利权"。中国最高法院的司法解释第 21 条规定的行为，本质上是对侵权责任法第 9 条的一个司法上的应用，因此其也要受一般民事侵权法的约束。侵权责任法第 9 条所规定的对象是帮助、教唆他人"实施侵权行为"的人，因此那些被帮助、教唆的人本身的行为需构成"侵权"。这就决定了中国最高法院司法解释中，第 21 条第一款只能针对提供材料、设备、零部件、中间物等给他人"实施了侵犯专利权"的行为，第二款只能针对积极诱导他人"实施了侵犯专利权"的行为。换句话说，被帮助者、被诱导者自己实施了侵犯专利权的行为，是相关的帮助者、诱导者根据该司法解释承担责任的前提。这与美国专利法第 271 条（b）和（c）规定的旨趣是一致的。

区别点在于，根据现在美国法院对专利法第 271 条（b）和（c）的解释，国会制定的专利法排斥了普通法上的一般侵权原则的适用，因此第

271 条（b）和（c）对于确定专利侵权具有排他性，在被告的行为达不到这两条的标准时，美国法官不能再根据普通法上的帮助侵权（contributory）认定被告侵权。但中国最高法院的司法解释是对侵权责任法第 9 条的解释，可以认为只是就第 9 条的一个一般性规定给出了一种比较具体的情况。这就意味着，在理论上所有能够根据第 9 条被认定为侵权的行为，也将继续可以在专利侵权中被认定，即使这些行为并不符合最高法院这一司法解释所设定的要件。

这一区别点却正和同作为大陆法系国家的德国情况一致。在德国，虽然 1981 年之后的专利法第 10 条规定了间接侵权的情形，但并不排斥德国民法典第 830 条的适用。

中国下级法院果然又补充了更为具体的情形。例如，北京市高级人民法院在其 2017 年发布的《专利侵权判定指南（2017）》中，基于侵权责任法第 9 条，规定了"提供流通便利侵权"，即明知行为人实施侵犯他人专利权的行为而为该实施行为提供场所、仓储、运输等便利条件的，构成帮助他人实施侵犯专利权行为。[1] "传授演示侵权"，即未经专利权人许可，行为人以提供图纸、产品说明书、传授技术方案、进行产品演示等方式，为生产经营目的积极诱导他人实施特定技术方案，且他人实际实施了侵犯专利权行为的，行为人的诱导行为构成教唆他人实施侵犯专利权行为。[2] "转让技术侵权"，即转让人明知涉案技术侵犯他人专利权而予以转让的，导致受让人因实施其技术而侵犯他人专利的，可以认定转让人的转让行为构成教唆他人实施侵犯专利权行为。[3]

与此同时，北京市高级人民法院的这一指南也基于侵权责任法第 8 条（即民法典第 1168 条，下同），补充了"共谋侵权"（即两人或两人以上共谋实施或者相互分工协作实施侵犯专利权行为的，构成共同侵权）[4] 和"监制侵权"（即委托人明知他人实施的行为构成专利法第 11 条规定的侵犯专利权行为，而委托他人制造或者在产品上标明"监制"等类似参与行为，委托人与受托人构成共同侵权）[5] 两种情形。可以看到，监制侵权

---

[1] 北京市高级人民法院《专利侵权判定指南（2017）》，第 120 条。
[2] 北京市高级人民法院《专利侵权判定指南（2017）》，第 121 条。
[3] 北京市高级人民法院《专利侵权判定指南（2017）》，第 122 条。
[4] 北京市高级人民法院《专利侵权判定指南（2017）》，第 116 条。
[5] 北京市高级人民法院《专利侵权判定指南（2017）》，第 117 条。

其实是共谋侵权的一种特例，在产品上标明"监制"等类似参与行动，不过是对其共谋实施提供了一个有力的证据而已。

第二节 间接侵权与直接侵权的关系

一、我国司法界对间接侵权独立性的认识

间接侵权并不是中国立法上正式承认的一个概念。但在学术界以及部分地方法院〔至少在最高法院于 2016 年颁布《关于审理侵犯专利权纠纷案件应用法律若干问题的解释（二）》之前〕已经在判决意见中广泛使用这一术语。

早在 1994 年，山西高院即在"太原重型机器厂诉太原电子系统工程公司、阳泉煤矿电子设备二厂专利侵权纠纷案"中认定被告客观上实施了为直接侵权人加工该专利产品核心内容的专用部件激磁线圈，主观上具有诱导他人直接侵权的故意，而且被上诉人的行为与直接侵权有明显的因果关系，故已构成了对上诉人专利的间接侵权行为。[①] 北京高院在 2001 年也在其发布的《专利侵权判定若干问题的意见（试行）》中专门有"关于间接侵权"的相关规定"，[②] 并定义为"是指行为人实施的行为并不构成直接侵犯他人专利权，但却故意诱导、怂恿、教唆别人实施他人专利，发生直接的侵权行为，行为人在主观上有诱导或唆使别人侵犯他人专利权的故意，客观上为别人直接侵权行为的发生提供了必要的条件"。山东高院在 2002 年判决的"刘雪华与济南开发区鑫环能锅炉研究所等实用新型专利侵权纠纷上诉案"中，认为涉案的 ZFG 锅炉分层给煤机中没有"刮煤板"这一技术特征，其"L"型密封刮煤机构件与上诉人刘雪华的专利中"L"型密封构件既不相同，也不等同，因此无论是对间接侵权采从属说

---

① "太原重型机器厂诉太原电子系统工程公司、阳泉煤矿电子设备二厂专利侵权纠纷案"，（1993）晋经终字第 152 号。

② 北京市高级人民法院《专利侵权判定若干问题的意见（试行）》，第 73 至 80 条。

还是独立说,被告均不构成间接侵权。[①] 其他各省或直辖市,包括上海、广东、四川、河南等在内的地方的高级人民法院也均在其专利侵权判决中明确承认过间接侵权。[②]

由于缺乏立法的规定,在司法上采纳所谓间接侵权便不能脱离一般的民事侵权法律,因此法院普遍承认间接侵权需以存在直接侵权为前提条件。例如,北京高院在 2001 年发布的《专利侵权判定若干问题的意见(试行)》第 78 条中即规定:"间接侵权一般应以直接侵权的发生为前提条件,没有直接侵权行为发生的情况下,不存在间接侵权。"浙江省高级人民法院在 2005 年判决的"株式会社岛野与宁波市日骋工贸有限公司专利侵权纠纷案"中,也明确表示"我国专利法律、法规尚没有关于构成专利间接侵权的规定,司法实践中,要认定构成专利间接侵权,也要以存在专利直接侵权为前提"。而在该案中,由于专利权具有结构特征与安装特征,但被控产品仅具备了专利的结构特征,被告没有进行安装行为。而被告生产的产品除了可以按照专利限定的方式安装外,也可以按专利权利要求限定外的其他方式进行安装,所以在不能确定存在直接侵权的情况下,被告也并不构成间接侵权。

在原告不起诉直接侵权人的情况下,是否存在直接侵权,往往是一个证据法上的问题。正如浙江高院在上述案件中的判决逻辑,由于被诉的产品唯一用途并非用于实施专利所限定的技术方案,因此不能确定是否存在直接侵权。在天津市高级人民法院 2008 年判决的"昆山晶丰电子有限公司与 WAC 数据服务有限公司(WAC DATASERVICE)侵犯专利权纠纷案"中,[③] 被告认为其即使构成侵权,也仅构成间接侵权,在没有直接侵权证据存在的条件下,不能单独对其提起诉讼。但法院最终判定现有证据证明被告制造、销售的产品是专门用于专利产品的关键部件,所以虽然

---

① "刘雪华与济南开发区鑫环能锅炉研究所等实用新型专利侵权纠纷上诉案",(2001)鲁民三终字第 2 号。

② 例如,"华瑞东江微营养添加剂(深圳)有限公司与广州科城环保科技有限公司侵害发明专利权纠纷案",(2014)粤高法民三终字第 997 号;"(日本)组合化学工业株式会社等与江苏省激素研究所有限公司等专利侵权纠纷案",(2005)苏民三终字第 014 号;"株式会社普利司通与福建省晋江市英山橡胶工业有限公司、建新橡胶(福建)有限公司等侵害外观设计专利权纠纷案",(2014)豫法知民终字第 5 号等。

③ "昆山晶丰电子有限公司与 WAC 数据服务有限公司(WAC DATASERVICE)侵犯专利权纠纷案",(2008)津高民三终字第 003 号。

WAC公司未能提供有关直接侵害专利权的充分证据，但被告的行为与直接侵害专利权有明显的因果关系，必然导致对专利权的直接侵害，且本案亦非必要共同诉讼，所以原告WAC公司可以单独对被告晶丰公司的侵权行为提起诉讼，并最终认定被告构成间接侵权。

可以看到，在原告不起诉直接侵权人或者对直接侵权是否发生未提供直接证据的情况下，当被告的产品除了用于直接侵权外别无其他用途时，法院会推定直接侵权的存在。

不过，对于直接侵权的存在要证明到什么程度，确实值得讨论。在北京知识产权法院2017年3月22日判决的"西电捷通无线网络通信股份有限公司诉索尼移动通信产品（中国）有限公司专利侵权纠纷案"中，[①] 被告的终端产品上具有能够实现原告专利方法的模块。原告主张其制造、销售的被控产品作为一种必不可少的工具，为他人实施涉案专利提供了帮助。被告则认为其产品具有实质性非侵权用途。

智能终端作为一个复杂的系统，除了用于实施原告的专利方法外，确实还有其他很多功能，用户完全有可能不使用其中的某个功能而只使用其他功能。但这样一来，等同于集成在复杂产品上的技术，都很难被间接侵权制度所保护，对于专利权的保护显然是不利的。对此，北京知识产权法院认定"被告终端上相应的硬件和软件结合的功能模块组合而言，在实施涉案专利之外，并无其他实质性用途"是有一定道理的。不过在具体的案件中，到底如何划分功能模块，可能有待进一步讨论。因为划分得过宽（例如在此案中，将"无线局域网功能模块"，甚至将整个手机作为判断标准），则将无法认定被告的产品构成专用产品；如果划分得过细，区分"专用"还是"不专用"，则不再具有意义。

对于需要在何种程度上证明直接侵权行为发生的可能性，北京知识产权法院的观点是"仅需证明被控侵权产品的用户按照产品的预设方式使用产品将全面覆盖专利的技术特征即可"。也就是说，证明用户"可以"实施权利要求记载的技术特征即可，无须证明用户真正会去实施。对于单一功能的产品，笔者认为这一标准问题还不大。因为单一功能的产品，用户唯一的实施方式就是实施权利要求记载的方案。但对于一个类似于智能

---

① "西电捷通无线网络通信股份有限公司诉索尼移动通信产品（中国）有限公司专利侵权纠纷案"一审判决，（2015）京知民初字第1194号。

终端的产品，这样的证明标准显得过于宽松。多功能的产品上，很可能集成一些用户从来不会使用到的功能，也就是说专利技术方案从来就不会被真正实施，这样的情况下直接认定间接侵权，有违全面覆盖原则。笔者认为，对于功能复杂的产品，法院虽然不一定要求证明所有售出的产品上原告的技术都会被使用，但起码应该要求原告提供其技术实际上被使用的现实场景的证据。

但是间接侵权必须以直接侵权的存在为前提这一基于一般侵权法的原则，在部分中国地方法院看来并不是绝对的。北京市高级人民法院在2001年发布的《专利侵权判定若干问题的意见（试行）》中规定了三种情况：一是根据当时的专利法第63条而不构成直接侵权的，帮助、诱导该等行为的人，将构成间接侵权，这其中包括了权利用尽的情形、先用权的情形、临时过境的情形、科学研究的情形；二是因不是为生产经营的目的而不构成直接侵权的（即属于个人非营利目的），帮助、诱导该等行为的人，将构成间接侵权；① 三是在中国境外实施发明创造的行为，在境内对其进行帮助或诱导的人，将构成间接侵权。② 北京高院在这份意见中，对专利权的扩张走得是比较远的。不仅突破了一般侵权法上帮助人和教唆人的责任需要以被帮助人和被教唆人的行为构成侵权为前提的一般法理，甚至突破了专利法的地域性原理。对于那些专利实施行为发生在境外的情形，如果依照我国的专利法构成侵权，则境内的教唆者和帮助者也将承担责任，这事实上赋予了在中国的专利权一定的域外效力。这与我们第三章中所看到的日本法院在"面包机"案中的判决意见是不同的。

北京高院在2013年对其专利侵权指导意见做了修正，完全回到了传统民事侵权责任法的轨道上，不再采用"间接侵权"的提法，而代之以"共同侵权"，完全与侵权责任法第8条和第9条相兼容，也删除了所有突破侵权责任法共同侵权理论的内容，即回到了传统的民法的做法：帮助者和教唆者作为共同侵权人承担责任，需以被帮助者和被教唆者的行为构

---

① 北京市高级人民法院《专利侵权判定若干问题的意见（试行）》第79条："发生下列依法对直接侵权行为不予追究或者不视为侵犯专利权的情况，也可以直接追究间接侵权行为人的侵权责任：（1）该行为属于专利法第63条所述的不视为侵犯专利权的行为；（2）该行为属于个人非营利目的的制造、使用专利产品或者使用专利方法的行为"。

② 北京市高级人民法院《专利侵权判定若干问题的意见（试行）》第80条："依照我国法律认定的直接侵权行为发生或者可能发生在境外的，可以直接追究间接侵权行为人的侵权责任"。

成侵权为前提。①

但在四年之后，北京高院修订了 2013 年的这份指南，发布了《专利侵权判定指南（2017）》，第 119 条的内容为："行为人明知有关产品系专门用于实施涉案专利技术方案的原材料、中间产品、零部件或设备等专用产品，未经专利权人许可，为生产经营目的向他人提供该专用产品，且他人实施了侵犯专利权行为的，行为人提供该专用产品的行为构成本指南第 118 条规定的帮助他人实施侵犯专利权行为，但该他人属于本指南第 130 条或专利法第 69 条第（三）、（四）、（五）项规定之情形的，由该行为人承担民事责任。"其中指南第 130 条的内容为："为私人利用等非生产经营目的实施他人专利的，不构成侵犯专利权。"在这一份指南中，北京高院再次突破了民事侵权法的规定，在将某些帮助行为（即为生产经营目的向他人提供专用产品的行为）认定为共同侵权的同时，却又认为如果被帮助者并未实施侵权行为，帮助者仍然构成侵权。这是对专利权的效力超出立法之外的一个扩张，只是这一次，扩张的范围比 2001 年大大缩小，只包括了"为生产经营目的向他人提供专用产品的行为"这一帮助行为（2001 年还包括了教唆行为），被帮助者也只涉及临时过境的情形、科学研究的情形、行政医疗审批的情形、个人使用的情形（2001 年还包括了权利穷竭的情形、先用权的情形以及域外使用的情形）。

对于突破民事侵权法规定的原因，部分可能是受我国专利撰写质量的影响，尤其是大量的与电子消费品有关的专利。如果代理人没有经验，可能会简单地描述一种操作方法（实际上，这些专利完全可以写成是装置权利要求或者站在具有生产经营目的的一方的实施角度来撰写）。在实际的产品中，这些方法都是由使用者——往往是消费者——来实施，而这些消费者因为其实施时不具备生产经营目的，将不构成专利法第 11 条规定的侵权行为。这样一来，那些出售产品的公司，即提供专用物品帮助消费者实施该方法的公司的行为如何认定，就成为一个问题。如果坚持传统的侵权法原理，那么将很难追究这些公司的责任，这其实等同于让这些专利的价值全失。

北京市高级人民法院 2017 年在"西安西电捷通无线网络通信股份有

---

① 北京市高级人民法院《专利侵权判定指南》，2013 年发布版，第 105 至 110 条。

限公司与索尼移动通信产品（中国）有限公司专利侵权纠纷案"中，判决意见虽再次确认间接侵权需以直接侵权的存在为前提，[①] 但认为存在特殊情况，就是直接实施专利权的行为人为"非生产经营目的"的个人或直接实施专利权的行为属于《专利法》第 69 条第（三）、（四）、（五）项的情形。对于这些情形，"由于直接实施行为不构成侵犯专利权，如果不能判令'间接侵权'行为人承担民事责任，则相当一部分通信、软件使用方法专利不能获得法律有效或充分保护，不利于鼓励科技创新及保护权利人合法权益"。[②]

　　这是一个明显的基于鼓励科技创新、保护权利人的利益的政策性考量。由一个地方法院基于政策考量来突破侵权责任法的规定扩展专利权的效力，是否合适，这是值得商榷的。正因为如此，这种被保护的利益是否真如北京高院所说的属于"合法权益"，难免让人产生疑问。不过最高人民法院的相关领导在其讲话中，表达了对北京高院这一做法的认可。最高人民法院副院长陶凯元在 2018 年 7 月 9 日的一个公开讲话中，提到"专利领域中的帮助侵权以被帮助者利用侵权专用品实施了覆盖专利权利要求全部技术特征的行为为条件，既不要求被帮助者的行为必须构成法律意义上的直接侵权行为，也不要求必须将帮助者和被帮助者作为共同被告"。[③]单纯从这个讲话看，似乎陶凯元所代表的最高人民法院有意扩大专利权的效力范围，甚至超过前述北京高院《专利侵权判定指南（2017）》的界定。在《专利侵权判定指南（2017）》中，包括帮助行为在内的间接侵权原则上仍需以直接侵权的存在为前提，只是存在一些特别的例外情况。而这个讲话中，直接抛弃了这个原则性规定，规定只要被帮助者利用专用品实施了"覆盖专利权利要求全部技术特征的行为"，则专用品的提供者就

[①] "西安西电捷通无线网络通信股份有限公司与索尼移动通信产品（中国）有限公司专利侵权纠纷案"二审判决，（2017）京民终 454 号，"单一主体未完整实施专利技术方案、未'全面覆盖'专利技术方案的不完全实施行为，即所谓的'间接侵犯专利权行为'，构成帮助侵权需以直接侵犯专利权行为的存在为前提。'间接侵权'行为人之所以与直接侵权行为人承担连带责任的原因在于'间接侵权'行为与直接侵权行为的成立具有因果关系，而且'间接侵权'行为人存在明显的主观过错"。

[②] "西安西电捷通无线网络通信股份有限公司与索尼移动通信产品（中国）有限公司专利侵权纠纷案"二审判决，（2017）京民终 454 号。

[③] 陶凯元：《开拓创新，知识产权审判工作实现历史性发展》，2018 年 7 月 9 日在"第四次全国法院知识产权审判工作会议暨知识产权审判工作先进集体和先进个人表彰大会"的讲话。

可以承担间接侵权责任。这意味着实施者在境外实施专利权利要求全部技术特征的行为、实施者有先用权的情况，甚至实施者存在现有技术抗辩的情形（假设该专利未被宣告无效的情况下），专用品的提供者仍将构成间接侵权而承担责任。

在 2019 年最高法院知识产权庭二审判决的"深圳敦骏科技有限公司诉深圳市吉祥腾达科技有限公司"（以下简称"腾达案"）① 中，合议庭走得更远，认为针对网络通信领域方法的专利侵权判定，终端用户并无生产经营目的，因此其行为本身并不构成法律意义上的侵权行为，如果因此认为销售被诉侵权产品的被告也不侵权，将使专利权人的创新投入无法满足，有失公平。但与上述认为"间接侵权无须以直接侵权成立为条件"的观点不同的是，此案合议庭未把被告生产实施专利方法的产品的行为视为帮助侵权行为，而把这一行为（合议庭称之为"把专利方法固化在产品中"）认定为对方法专利的"使用行为"，也即直接侵权行为。此案笔者还将在下文进行介绍，但这里我们看到，最高法院确实看到了我国专利法第 11 条"目的要件"对权利人可能造成的不利影响，而尝试在司法上进行利益平衡。

二、间接侵权独立说在当前立法结构下的理论问题

中国专利侵权的法律架构目前其实和德国 1981 年之前的专利法的架构是一样的，即专利法只规定了直接侵权的形态，对于提供帮助或教唆的情况，原则上是适用德国刑法典（在德国民法典制定之前，即存在帮助专利侵权的情形）或民法典有关共犯或共同侵权的规定。德国帝国法院（后成为德国联邦最高法院）为鼓励技术创新，主要是对侵权法理论进行了突破，因为按照德国传统共同侵权的理论，共同侵权仅在行为人的主观方面属于"故意"时才能构成。② 这一理论对行为人的主观方面提出的"故意"的要求，即每个行为人（包括提供未实施权利要求所有特征的

---

① "深圳敦骏科技有限公司与深圳市吉祥腾达科技有限公司专利侵权纠纷案"二审判决书，（2019）最高法知民终 147 号。

② ［德］埃尔温·多伊奇、［德］汉斯－于尔根·阿伦斯：《德国侵权法——侵权行为、损害赔偿及痛苦抚慰金》，叶名怡、温大军译，刘志阳校，中国人民大学出版社 2016 年版，第 73 页，"通说和审判追随刑法理论，共同侵权仅在故意时才构成"。

产品的人，以及购买该产品而最终实施权利要求所有技术特征的人）都要既认识到其行为会造成实施权利要求所有技术特征的事实，也要认识到其行为的违法性。这对原告提出了很高的证明要求，因为有任何一方不具有"故意"这一主观要件时，专利侵权均无法构成。之后德国判例的发展，主要就是减轻原告证明被告主观要件的要求的趋势，并由此发展出一套不同于传统共同侵权理论的间接侵权理论。但无论如何，德国法院的判例只是在司法层面的理论拓展，并没有与德国的成文法相冲突。相反，在德国成文法有明确规定的领域，德国法院严格按照成文法来执行。例如在 1981 年审理 Rigg 案时，德国联邦最高法院拒绝了一些学者提出的如下观点：为了铲除专利侵权的"罪恶之根"，只需要提供实施专利方法的产品或专利产品零部件的人属于商业行为，就可以了，消费者是否构成侵权无关紧要。德国联邦最高法院坚持认为由于被告的客户都是普通的消费者，其将该部件和其他部件组合形成专利产品使用的行为不符合专利法第 6 条的构成要件，这进而导致了专利间接侵权的要件得不到满足。①

日本大阪地方裁判所在"面包机"案中对于日本专利法第 68 条规定的"作为企业"的解释，与北京高院和最高院或有相通之处。但由于日本专利法第 101 条本身已经给予了将间接侵权行为独立于直接侵权行为的立法基础（第 101 条所列举的行为是被视为侵犯专利权或专用实施权的行为，而这些行为所导致的权利要求中的技术方案被全部实施的行为是否属于直接侵权，专利法第 101 条没有做任何规定），所以"面包机"案最后的结果并不违反日本的制定法。

反观我国的法院，在专利法并无类似条款的情况下，无论是北京高院还是最高法院，却都倾向于发挥司法的能动性，认定帮助侵权、诱导侵权都无须被帮助者、被诱导者实施的行为构成侵权。这种对立法条文的突破，本质上是司法权对立法权的一种逾越，这对于社会主义法治建设整体而言是否合适，实在值得深思；司法对国家政策的落实是否一定要以这样的方式来进行，也值得认真探讨。

---

① "BGH: Begriff der mittelbaren Patentverletzung nach altem Recht-Rigg", *Neue Juristische Wochenschrift* (*NJW*), 1982, p. 995, "Erst mit dem Feilhalten und dem Vertrieb eines Mittels konkretisiert sich die Gefahr patentverletzender Verwendung durch die Abnehmer so stark, daß es gerechtfertigt ist, unmittelbar gegen den mittelbaren Benutzer vorzugehe."

三、对在立法上将间接侵权行为予以独立的讨论

我国是否有必要在立法上将专利间接侵权制度区别于传统的共同侵权行为，从而使其与直接侵权独立开来，存在着不同的声音。

支持者主要的理由是这样有利于加强专利的保护，也减少由此给司法带来的困难。支持者尤其提到当直接实施专利的人是消费者而非生产经营者时，依据专利法其不构成直接侵权，这时候若不能认定为消费者提供实施专利的专用产品的行为构成专利侵权，将不利于专利保护。①

另外，也有学者认为间接侵权制度在主观要件上与传统侵权法的共同侵权主观要件不一致，因此有独立的必要。② 在传统的共同侵权行为中，

---

① 例如，闫文军、金黎峰：《专利间接侵权的比较与适用——兼评 2016 年最高人民法院司法解释的相关规定》，《知识产权》2016 年第 7 期，第 53 页，"我国有必要在专利法中明确规定，将间接侵权行为作为一种独立的侵权行为，涵盖帮助个人、家庭实施专利的行为，从而给权利人提供更为严密的保护"。吴观乐：《关于间接侵权——对专利法增补"间接侵权"条款的建议》，《中国专利与商标》1997 年第 2 期，第 46 页，"利用或实施该专利的人是在私人范围内以非生产经营目的使用专利，或者第三者教唆他人在中国境外实施专利。显然，个人以非生产经营目的的使用以及在中国境外实施专利均为构成该项专利的直接侵权行为，这样就不可能通过起诉上述实施专利的人侵权而追究唆使他们实施专利的第三者的责任"。王凌红：《我国专利间接侵权制度的立法方向——以利益平衡为视点求解〈专利法〉第三次修改的未决立法课题》，《电子知识产权》2009 年第 6 期，第 16 页，"……如果相关物品被提供给以个人家庭使用为目的的消费者时，不存在所谓的直接侵权行为，专利权人也就难以要求相关物品的提供者承担共同侵权责任。事实上，……直接侵权行为的发生并非是专利间接侵权行为对专利权造成损害的必要性条件，也就是说，专利间接侵权行为不仅有可能'间接'地通过直接侵权人的行为侵犯专利权，而且也可通过向个人家庭使用者销售等方式直接对专利权人的市场份额和经济利益造成损害"。

② 参见张玲《我国专利间接侵权的困境及立法建议》，《政法论丛》2009 年第 2 期，"共同侵权行为在于数个行为人对损害结果具有共同的过错……共同过错通常是指数个行为人的行为或者为共同故意，或者为共同过失。故意和过失的结合，一般不构成共同侵权行为。而专利间接侵权中，一般认为侵权人主观要件应限定为故意……但是，如果将专利间接侵权适用于共同侵权规则，将专利间接侵权的主观状态扩展至共同过失，则违背了专利间接侵权本身应有的主观状态"。以及闫刚《浅析专利间接侵权》，《中国发明与专利》2008 年第 9 期，"决定共同侵权行为的本质特征，是主观原因。共同侵权行为的共同过错不仅包括共同故意也包括共同过失。即共同侵权行为在于数个行为对损害结果具有共同的过错。而专利间接侵权，一般认为侵权人主观要件应限定为故意，因为无论是教唆还是帮助，行为人主观上都显现较为明显的故意，而专利直接侵权主观上无过错也要承担责任，即直接侵权人与间接侵权人存在不同的主观状态……从本质上讲，在专利间接侵权中，直接侵权和间接侵权人的主观状态的非同一性决定了直接侵权与间接侵权行为的非同一性"。

要求行为人之间具有主观的意思联络，或至少要有共同过错（可能是故意或过失）。但在实践中，原告往往难以证明直接侵权人的主观过错（因为原告甚至可能都不会将直接侵权人作为共同被告），或者直接实施专利技术的人根本就没有主观过错（例如非为生产经营目的而实施的消费者）。

除上述两点之外，有学者也从其他方面论述间接侵权制度与共同侵权制度之间的不兼容性。例如有学者认为将间接侵权行为纳入共同侵权的理论当中，会不适当地加重间接侵权人的责任负担，因为共同侵权制度会导致侵权人与直接侵权人一起承担连带责任，而间接侵权应该适用自己责任原则，法律不应责成其与直接侵权人承担连带责任。[①] 又比如有学者认为共同侵权诉讼中，侵权人之间属于必要共同诉讼，即使原告不将直接侵权人列为共同原告，法院也应依职权追加，而作为被告间接侵权人的诉讼中，原告无须起诉直接侵权人。[②]

然而这些理由并不涉及适用间接侵权规则与共同侵权规则之间的根本差异。例如，就责任承担而言，间接侵权规则下，间接侵权人与直接侵权人并不分别对原告承担责任，原告可以选择任意一方来承担全部责任，这和共同侵权的连带责任承担是一致的。

再比如，就诉讼而言，将共同侵权诉讼视为必要共同诉讼，主要依据是我国最高人民法院 2004 年 5 月 1 日开始实施的《关于审理人身损害赔偿案件适用法律若干问题的解释》。其中第 5 条规定："赔偿权利人起诉部分共同侵权人的，人民法院应当追加其他共同侵权人作为共同被告。赔偿权利人在诉讼中放弃对部分共同侵权人的诉讼请求的，其他共同侵权人对被放弃诉讼请求的被告应当承担的赔偿份额不承担连带责任。责任范围难以确定的，推定各共同侵权人承担同等责任。"这被很多人解释为在我国，共同侵权人之间是所谓"必要共同诉讼"，法院必须要追加共同侵害

[①] 邓宏光：《我国专利间接侵权之制度选择》，《西南民族大学学报》（人文社科版）2006 年第 4 期，第 83 页，"专利间接侵权人虽然帮助或诱导他人实施专利侵权行为，但只对自己的行为承担责任，而不是与直接侵权人一起承担连带责任。"

[②] 邓宏光：《我国专利间接侵权之制度选择》，《西南民族大学学报》（人文社科版）2006 年第 4 期，第 83 页，"共同侵权行为属于必要共同诉讼，如原告只起诉部分侵权人，法院应依职权追加其他侵权人为被告。专利间接侵权诉讼中，权利人可直接起诉间接侵权人，不需要追加专利侵权人为共同被告。"

人，这有别于专利的间接侵权的情况。但实际上，在理论上以及其他国家的实践中，共同侵权中的受害人都可以选择起诉部分加害人。台湾学者郑玉波认为："就受害人之立场，对何人如何诉求，属完全自由。"① 包括美国在内的世界绝大多数国家和地区，共同侵权中的受害人都可以选择起诉部分加害人，如果损害没有得到完全填补，还可以对其余加害人再次提起诉讼。② 其实，在 2004 年开始实施的我国最高法院的这一规定，可能更多是从便于查清案件事实这一目的出发，而非在理论上真正将其看为必要共同诉讼，也可以认为该解释仅仅适用于人身损害赔偿，而不适用于其他侵权案件。尤其是当侵权责任法出台后，其第 13 条规定"法律规定承担连带责任的，被侵权人有权请求部分或者全部连带责任人承担责任"；民法典在第 178 条也规定，"二人以上依法承担连带责任的，权利人有权请求部分或者全部连带责任人承担责任"，更有理由在诉讼机制上使得间接侵权诉讼与共同侵权诉讼相兼容。

反对在我国立法上将专利间接侵权制度区别于传统的共同侵权行为，从而使其与直接侵权独立出来的学者，他们主要是出于三方面的考虑。

一是出于理论的统一性，认为民法现有的共同侵权理论已经可以解决主张间接侵权独立的学者所提出的问题，没有必要单搞一套，使理论体系复杂化。③ 这些学者认为无论是构成要件、归责原则、救济方式还是诉讼程序，间接侵权都没有跳出共同侵权的一般原理，不过是共同侵权的一种特殊类型而已。在我国第三次修订专利法时，最终间接侵权制度未被纳入立法，国家知识产权局给出的解释中，一个很重要的原因也是其"考虑到专利权人可以通过向直接侵权人主张权利而获得保护，且可以依据《民法通则》有关共同侵权的规定追究有关人员的连带责任，我局认为目前在《专利法》中规定专利间接侵权的时机尚不成熟"④。

就间接侵权独立说的学者提出的上述第一点理由（即在专利实施人

① 郑玉波：《民法债编总论（修订二版）》，中国政法大学出版社 2004 年版，第 394 页。
② 李杏园：《共同侵权诉讼形式探析》，《河北学刊》2008 年第 2 期。
③ 熊文聪：《被误读的专利间接侵权规则——以美国法的变迁为线索》，《东方法学》2011 年第 1 期。
④ 于立彪：《关于我国是否有专利间接侵权理论适用空间的探讨》，载《专利法研究 2007》，知识产权出版社 2008 年版，第 430 页。

不构成侵权的情况下，提供帮助的人仍构成侵权），这些学者认为持间接侵权独立说者是混淆了侵害防止请求权与损害赔偿请求权。在传统民法上，停止侵害请求权适用于实际损害尚未发生之时。如果有证据足以证明专利权有遭受侵害的可能性，即使没有损害，虽然根据民法原理无法获得损害赔偿的救济，但专利权人可以获得停止侵权的救济。[①] 但这一理由并没有真正回答持间接侵权独立说的学者所提出的问题。先不讨论缺乏损害赔偿请求权是否足以实现独立设置间接侵权规则的目的（这一目的即对发明创造提供足够的激励），传统民法中，确实对于支配权设置有防止侵害请求权，但其成立的条件，也以确实存在对支配权的侵害之虞为条件。如果对支配权并无侵害之虞，甚至可以根据法律，确定不存在侵害行为——典型的，例如由消费者个人实施专利权利要求所保护的技术方案的情况，则依据民法理论，权利人也并不享有防止侵害请求权。传统民法上的共同侵权理论并不能满足独立的间接侵权制度欲达到的目的。

　　就间接侵权独立说的学者提出的上述第二点理由（即间接侵权制度在主观要件上与传统侵权法的共同侵权主观要件不一致，因此有独立的必要），这些学者认为持间接侵权独立说者没有注意到当代民法在共同侵权行为上的发展已经从强调主观状态走向了强调"行为关联"，只要数个加害人的行为直接结合造成了同一损害后果，就可以构成共同侵权。[②] 但首先，在共同侵权判断中不再考虑"共同过错"而走向"行为关联"本身是否已经是民法学界的通说，尚有疑问。[③] 至少在德国，主流学说目前仍然坚持主观共同关联说，即构成共同侵权须以当事人有共同故意为前

---

① 熊文聪：《被误读的专利间接侵权规则——以美国法的变迁为线索》，《东方法学》2011 年第 1 期，第 154 页，"依据民法原理，专利权作为一种民事权利，是一种支配权，凡支配权都有类似于物上请求权的支配力恢复请求权……如果有证据足以证明专利权有遭受侵害之可能，虽无确定的损害，专利权人也可获得救济，此时其所主张的即为侵害防止请求权，而非损害赔偿请求权。"

② 熊文聪：《被误读的专利间接侵权规则——以美国法的变迁为线索》，《东方法学》2011 年第 1 期，第 154 页，"为强化加害人责任，使受害人获得充分救济，传统民法中的一般共同侵权早已由'共同过错'走向'行为关联'，即不再强调'意思联络'，只要数个加害人因其行为紧密联系，导致同一损害结果，便可构成共同侵权……帮助、教唆侵权人虽然可能与直接侵权人之间无串通，但却认识到了或主动追究自己的行为与他人的行为结为一体，共同对他人造成损害，故应视为共同侵权人。"

③ 杨立新：《侵权责任法：条文背后的故事与难题》，法律出版社 2011 年版，第 49 页。

提；在日本，主流学说和判决也在适用客观共同关联说时，要求当事人至少要有共同过失。其次，这些学者举出的立法例也并不能完全支持其主张。他们所举出的主要立法例（如果不是唯一的）就是最高人民法院颁布的《关于审理人身损害赔偿案件适用法律若干问题的解释》第3条，其中规定："二人以上共同故意或者共同过失致人损害，或者虽无共同故意、共同过失，但其侵害行为直接结合发生同一损害后果的，构成共同侵权，应当依照民法通则第一百三十条规定承担连带责任。二人以上没有共同故意或者共同过失，但其分别实施的数个行为间接结合发生同一损害后果的，应当根据过失大小或者原因力比例各自承担相应的赔偿责任。"其中"虽无共同故意、共同过失，但其侵害行为直接结合发生同一损害后果的"被认为是支持"行为关联"的一个立法例。但首先，这一司法解释可以被认为仅仅适用于人身损害赔偿领域，并不当然能扩展到包括专利侵权在内的其他侵权领域。其次，关于本条中何为"直接结合"、何为"间接结合"，本身就很模糊，存在较大的不确定性。尤其是在《侵权责任法》第12条（民法典第1172条）规定中，取消了"直接结合"和"间接结合"的区分，直接规定"二人以上分别实施侵权行为造成同一损害，能够确定责任大小的，各自承担相应的责任；难以确定责任大小的，平均承担赔偿责任"这一背景下，《关于审理人身损害赔偿案件适用法律若干问题的解释》第3条是否还有适用空间，不无疑问。

事实上，间接侵权制度要解决的一个很重要的问题，就是无须考虑直接侵权人的主观状态，而仅将间接侵权行为人的主观状态作为间接侵权成立与否的条件。也正是在这样的背景下，德国学者认为在1981年专利法修改之前，德国法院是发展出了一套独立于传统共同侵权理论的间接侵权理论。[①] 其独立性在于，间接侵权人（往往是供货商）的主观状态可以是过失的形式，他只需要知道购买者的使用意图即可能构成侵权，不需要对购买者的使用行为的违法性知道并且有意愿；直接侵权人（往往是购买者）的主观状态可以不必考虑。

[①] 但正如我们前面所说，在主观方面的理论发展，并不导致德国法院突破德国民法这一成文法的规定。因为在德国民法的共同侵权条文中，并未就当事人的主观状态应该是什么情况做出明文规定。

反对我国立法上将专利间接侵权制度区别于传统的共同侵权行为，从而使其与直接侵权独立出来的学者，第二个方面的理由是认为承认间接侵权制度违背了专利侵权的"全面覆盖原则"，会扼杀公众进行回避设计的权利。这些学者认为间接侵权独立说实际上是承认被告的产品缺少权利要求中的某些技术特征的情况下，仍然也要给予其保护。在被诉的产品缺少技术特征的情况下，法院无法将被控侵权产品与权利要求进行真正的比对，最终在确定被诉侵权产品到底是不是专用物品时，不过是对权利要求中的技术特征"挑肥拣瘦"，这实际上是多余指定原则的翻版。①

然而，这一主张并没有把握住专利间接侵权的实质性内容。专利间接侵权与多余指定原则不同，前者对于什么样的产品能够适用有着严格的限定条件，一般而言是"只能用于实施发明创造"的产品，而非可能用于实施发明创造，也可能不用于发明创造的产品。后者正是多余指定原则企图保护的对象。对于前者而言，本质上是一个证据法上的问题：就是从商业上看，第三人取得这一"专用物品"后，其唯一在商业上合理的用途就是以之实施专利的全部技术特征。只是这时候法院无须原告证明购买者确实实施了，只需要提供证据，即所谓的环境证据（circumstantial evidence）——证明唯一合理的可能性就是会被实施，这就可以了。对于后者而言，本质上是一个实体法的问题，就是实施者是否确实会实施权利要求记载的全部技术特征，如果不是的话，那这种产品在间接侵权的理论下根本不属于"专用产品"，因而得不到法律的保护。间接侵权以要求产品的购买者实际实施权利要求中记载的全部技术特征为前提，对于独立说而言，只不过无须这种实施在法律上被做否定性评价，即在法律上被认定为"侵权"，并非像多余指定原则那样，在侵权比对上可以省略掉某一些技术特征。

反对我国立法上将专利间接侵权制度从直接侵权独立出来的学者，第三个方面的理由是认为从政策角度出发，我国不应对专利权给予过高标准的保护。主要论点是基于我国将长期处于"世界工厂"这一基本国情，

---

① 于立彪：《关于我国是否有专利间接侵权理论适用空间的探讨》，载《专利法研究2007》，知识产权出版社2008年版，第439—442页。又见杨萌、郑志柱《专利间接侵权与专利侵权判定原则》，《知识产权》2011年第4期，第57—58页。

而过高标准的专利保护，将不利于外向型经济发挥优势。① 无论从历史来看还是从现实来看，这一论点都是缺乏战略眼光的。从历史来看，日本早在 1950 年代，德国也在 1980 年代，在其专利法中即引入了独立于直接侵权规则的间接侵权制度（或称为法定侵权制度）。彼时，日本和德国均属于出口型国家，产品出口是其 GDP 的重要支撑。但从其发展的历程来看，高标准的知识产权保护反而有利于其摆脱低端制造业，实现产业升级，跨越中等收入陷阱。由于知识产权的形成、运用需要很长的周期，创新文化的形成所需要的时间更长，知识产权法本来就具有引领一个国家创新经济、创新文化的作用。一个高标准的、稳定的知识产权法律制度会给市场主体进行创新投入提供足够的激励和稳定的预期，从长远来说，是有助于建设创新型经济的。从现实来看，一方面长期从事低端制造业已经给我国造成了严重的环境危机，缺乏创新能力的同质竞争也使得我国经济抗风险能力较差。尤其在我国成为世界第二大经济体后，美国与我国贸易战一开，立即凸显了我国缺乏核心技术、处处受制于人的窘况。这都是长期以来不注重知识产权保护所遗留下的问题。我国要想实现产业升级，实在有必要依靠知识产权制度来拉动创新，形成高效、稳定、可预期的高标准保护体系。这也是在目前中美贸易战和我国经济下行压力下，国家领导层的共识。因此，反观这些主张中国将长期处于"世界工厂"（本质上是低端加工厂）的政策判断，颇有居安不思危的战略惰性蕴含其中。

事实上，加强知识产权保护、对部分间接侵权行为予以规制，可以认为已经成为社会对法律的迫切需求。也正是基于这样的背景，北京高级人民法院在 2013 年的指导意见中将间接侵权完全纳入传统共同侵权规则的情况下，又在 2017 年的意见中重新规定某些情况下被帮助者并未实施侵权行为的时候，帮助者仍然构成侵权。最高法院副院长才会在讲话中提出"专利领域中的帮助侵权以被帮助者利用侵权专用品实施了覆盖专利权利

---

① 张玉敏、邓宏光：《专利间接侵权制度三论》，《学术论坛》2006 年第 1 期，第 143 页，"从我国国情来看，我国专利意识相对比较淡薄，专利申请的数量和质量都难以与美国、日本等国家相比拟，这也决定了我国至少在相当长的期间内'世界加工厂'这种身份不会改变。"又见杨萌、郑志柱《专利间接侵权与专利侵权判定原则》，《知识产权》2011 年第 4 期，第 58 页，"宏观看我国的社会经济发展阶段，在技术经济领域相关产业尚处于模仿、利用技术溢出效应的阶段，脱离阶段性要求，过高地保护知识产权，无异于壮士断臂。另一方面，我国目前正在加快实现经济发展方式转变，但尚未从'世界工厂'的国际经济分工中升级出来，如此超强的知识产权保护，对'来料加工'、'贴牌加工'等外向型经济产业显然是不利的。"

要求全部技术特征的行为为条件，既不要求被帮助者的行为必须构成法律意义上的直接侵权行为，也不要求必须将帮助者和被帮助者作为共同被告"。这都是立法上的缺位所造成的扭曲现象。

综上所述，笔者认为我国有必要建立独立的间接侵权制度，而不是将其置于传统的共同侵权理论当中。这样既呼应社会的需求，也解决因为立法缺位而给司法造成的难题。①

在我国第四轮专利立法中，由国务院报送给全国人大常委会的《中华人民共和国专利法修正案（草案）》增加了第 62 条规定："明知有关产品系专门用于实施专利的原材料、中间物、零部件、设备，未经专利权人许可，为生产经营目的将该产品提供给他人实施了侵犯专利权的行为的，应当与侵权人承担连带责任。明知有关产品、方法属于专利产品或者专利方法，未经专利权人许可，为生产经营目的诱导他人实施了侵犯该专利权的行为的，应当与侵权人承担连带责任。"② 从这一规定可以看到，相关立法者虽然将间接侵权单列在了专利法当中，但仍然没有脱离传统共同侵权的思维模式。间接侵权的成立仍需以"他人实施了侵犯专利权的行为"为前提，当他人所实施的行为是执行权利要求的全部技术特征，但是并未构成侵权的时候，按照这一规定，明知有关产品系专门用于实施专利的原材料、中间物、零部件、设备，未经专利权人许可，为生产经营目的将该产品提供给他人的人，或者明知有关产品、方法属于专利产品或者专利方法，未经专利权人许可，为生产经营目的诱导他人实施仍然不构成侵权。

对比德国专利法第 10 条即能很容易看出其中的差异。德国专利法第 10 条规定："（1）专利还进一步具有如下法律效力，即未经专利权人同意，任何第三方，如果其知道或者周围的情形已清楚表明某涉及发明关键特征手段适于且将被用于实施发明，则其不得在本法的地域范围内向有权实施专利发明的人之外的主体提供或许诺提供该手段以使其在本法地域范围内使用本专利。（2）本条第（1）款不适用于可一般性获得的商品，除

---

① 程永顺：《〈专利法〉第三次修改留下的遗憾——以保护专利权为视角》，《电子知识产权》2009
年第 5 期，第 15 页，"本人认为，根据我国司法实践中的具体情况，即：已经审理大量间接侵权的案例，目前间接侵权案件有增加的趋势，实践中法律适用混乱的现象，专利法确实有必要对间接侵权作出规定，以解决越来越多的涉及间接侵权纠纷时法官无法可依的情况。"

② 在全国人大 2019 年 1 月 4 日公布的征求意见稿中，这一条已经被整体删除，故在 2021 年 6 月 1
日起实施的专利法中，并无此条。

非该第三方诱导产品的被提供方实施第 9 条第 2 句所禁止的行为。（3）实施第 11 条第 1 至 3 项所列行为的人在本条第 1 款的意义下，不应被视为有权实施专利发明的主体。"其中直接实施权利要求所有技术特征的人被称为"有权实施专利发明的人之外的主体"，结合第（3）款，是指那些没有经过专利权人授权的实施了发明创造所有技术特征的主体。这些主体的行为构成只要符合两个条件则间接侵权人的行为就落入专利法第 10 条的规定：一是完全实施了权利要求的技术特征，二是未经过专利权人授权。但上述我国第四轮专利立法送审稿的规定中，我国还要求这些实施者的行为具有法律上的否定性，即构成了侵权。这是采纳美国的立法模式。但美国专利法规定直接侵权的第 271 条（a）并不要求直接侵权人以"生产经营为目的"。这就造成了专利法中增加这一条，其实并不能解决我们上文提到的司法上的困境问题。

第三节　多主体分别侵权问题

目前在我国讨论的间接侵权，主要还是集中在对帮助行为与教唆行为的讨论上。在这些行为中，由一个主体实施了权利要求中的全部技术特征，间接侵权者所采取的行为是帮助或教唆该主体实施，只不过在早期帮助和教唆的过程中，自己也可能部分实施了权利要求所记载的技术特征。

一、西电捷通诉索尼案中讨论的标准

2017 年北京知识产权法院判决的西电捷通诉索尼案，将一种新的案件类型摆在了公众面前。

该案涉及一种无限局域网移动设备的介入和通信方法。其独立权利要求包括了七个步骤，需要由三个设备（终端、认证服务器和无线接入点）来共同实施。步骤一，移动终端 MT 将移动终端 MT 的证书发往无线接入点 AP 提出接入认证请求。步骤二，无线接入点 AP 将移动终端 MT 证书与无线接入点 AP 证书发往认证服务器 AS 提出证书认证请求。步骤三，认证服务器 AS 对无线接入点 AP 以及移动终端 MT 的证书进行认证。步骤四，认证服务器 AS 将对无线接入点 AP 的认证结果以及将对移动终端 MT 的认证结果通过证书认证响应发给无线接入点 AP，执行步骤五；若移动终端 MT 认证未通过，无线接入点 AP 拒绝移动终端 MT 接入。步骤五，无线接入点 AP 将无线接入点 AP 证书认证结果以及移动终端 MT 证书认证结果通过接入认证响应返回给移动终端 MT。步骤六，移动终端 MT 对接收到的无线接入点 AP 证书认证结果进行判断；若无线接入点 AP 认证通过，执行步骤七；否则，移动终端 MT 拒绝登录至无线接入点 AP。步骤七，移动终端 MT 与无线接入点 AP 之间的接入认证过程完成，双方开始进行通信。

被告是一家终端制造和销售商，用户可以使用其终端与有相应功能的认证服务器、无线接入点配合，实施权利要求中所记载的方法。原告在诉讼中的主张包括了被告制造、销售的终端作为一方，未经许可与无线接入点、认证服务器的提供方共同实施了涉案专利。被告对此的抗辩是共同侵权要求共同的意思联络，被告并不生产或提供无线接入点或认证服务器，与无线接入点或认证服务器的提供方之间也没有分工协作，因此不属于共同侵权。

实际上，本案中的涉案专利作为一个方法专利，真正的实施者是终端使用者、无线接入点的使用者和认证服务器的使用者。这三者的行为结合在一起，共同完成了权利要求中记载的技术特征。如果这种结合能够被认定为侵权，则对其提供帮助、诱导的被告，才可能构成一般意义上的共同侵权。

北京知识产权法院并没有论述终端使用者、无线接入点的使用者和认证服务器的使用者的行为结合在一起是否构成侵权责任法第 8 条规定的共同侵权，[①] 或可以推测北京知识产权法院并不认为这三者的行为构成了第 8 条意义上的共同侵权。北京知识产权法院的判决意见中，重点论述了侵权责任法第 12 条的规定。该条规定："二人以上分别实施侵权行为造成同一损害，能够确定责任大小的，各自承担相应的责任；难以确定责任大小的，平均承担赔偿责任。"北京知识产权法院认为这一条规定的是"分别侵权"行为，其中要求每个人都实施"侵权行为"，即每个人的行为均独

---

① 《侵权责任法》第 8 条规定："二人以上共同实施侵权行为，造成他人损害的，应当承担连带责任。"

立具备构成侵权行为的全部要件。而本案中，显然终端的使用者、无线接入点的使用者和认证服务器的使用者均只实施了权利要求中的部分技术特征，其独立来看并不构成侵权，因此不能成立侵权责任法第 12 条意义上的侵权。

至于为何不构成第 8 条意义上的共同侵权，北京知识产权法院没有给出解释。有可能的理由是法院难以认定终端使用者、无线接入点的使用者和认证服务器的使用者之间存在意思联络或共同过错。侵权责任法第 8 条规定的是真正意义上的"共同侵权"行为，而北京高级人民法院在 2013 年发布的《专利侵权判定指南》中，第 105 条规定"两人以上共同实施专利法第十一条规定的行为，或者两人以上相互分工协作，共同实施专利法第十一条规定的行为的，构成共同侵权"。这应该视为对侵权责任法第 8 条的适用指南。从这条适用指南来看，北京高院要求行为人之间"相互分工协作"或者"共同实施"，具有很强的要求行为人之间具有意思联络的意思在其中。这可能也是阻碍北京知识产权法院适用侵权责任法第 8 条的原因之一。

在未认定终端使用者、无线接入点的使用者和认证服务器的使用者的行为结合在一起构成侵权的情形下，北京知识产权法院却又认定被告提供给他人"专门用于实施涉案专利的设备"的行为构成帮助侵权行为，这意味着北京知识产权法院在此进一步突破了侵权责任法关于共同侵权的规定。如本书前面所述，北京高院在 2001 年的意见中，对侵权责任法的突破主要在于专利实施者因属于个人行为或当时的专利法第 63 条而豁免的行为而不构成直接侵权的情形下，仍然要求对其提供帮助或进行教唆的人承担责任，但北京知识产权法院在此处，相当于是认可了"只要权利要求保护的技术方案被实施，且这种实施未经权利人许可，则帮助或教唆这种实施的人，就应承担间接侵权责任"。这种判决思路与德国现行专利法第 10 条的旨趣是一致的。

不过这一判决思路被北京高级人民法院在二审中予以了否定。法院在二审意见中认为除了一些特殊的情况（具体包括因直接实施人不具有生产经营目的而不构成侵权以及专利法第 69 条第（三）、（四）、（五）的情形而不构成侵权），原则上间接侵权的成立需要以直接侵权的成立为前提。这种情形下，间接侵权者与直接侵权者之间承担连带责任。这是因为"'间接侵权'行为与直接侵权行为的成立具有因果关系，而且'间接侵权'行为人存在明显的主观过错"。

　　那么在多主体的行为结合在一起的情况下，多主体之间需要有什么关系才能认定直接侵权的存在呢？北京高院给出了两种判断标准。一是存在单一行为人指导或控制其他行为人的实施行为。这类似于美国的单一主体原则下的"控制"标准，即主要看控制主体与被控制主体之间的法律或合同安排的关系下，是否有一行为人知道或控制其他行为人。二是多个行为人共同协调实施涉案专利。

二、"共同协调实施"标准的含义

　　如何理解"共同协调实施涉案专利"，或者可以从北京高院发布的《专利侵权判定指南（2017）》中得到启发，该指南第 116 条规定："两人或两人以上共谋实施或者相互分工协作实施侵犯专利权行为的，构成共同侵权。"其中指出了两种情形：共谋实施——很显然，这是属于行为人之间有共同故意的情形；相互分工协作——如果说前面的"共谋实施"是从行为人的主观方面来规定，这里"相互分工协作"则更多是从行为人的行动模式这一客观方面来规定。笔者认为北京高院的这一规定，更宜被解释为具有共同过失的情形，或者一方具有故意，其他方具有过失的情形。首先，行为人之间如果具有共同故意，则属于前面规定的"共谋实施"的情形，没有必要再在条文中以"或者"的连接关系再规定一次。其次，"相互分工协作"一词，表明各主体间是"有分工"且"协同工作"，是为实现一个目标而各自完成事先共同分配好的工作，而不是各做各的，彼此互不相干。这意味着各自对对方的行动内容有基本的了解，是为了一个共同的目标在行动。对权利要求记载的全部技术特征被实施的事实，至少是存在过失的状态。进一步说，北京高院特别规定的"分工协作"，也可以认为其否定了在专利侵权上适用"客观的关联共同理论"。客观的关联共同行为，是指行为人之间没有共同过错，但"几个人的行为结合在一起，共同造成同一个损害结果。他们的行为是各自实施的，但这些行为结合到一起，造成了同一个损害结果，而且每个人的行为都是造成损害的共同原因，造成的同一个损害结果又是不可分割的"。[①] 而北京

---

① 杨立新：《侵权责任法：条文背后的故事与难题》，法律出版社 2011 年版，第 51 页。

高院显然认为如果多主体仅仅是行为在客观上结合在一起导致权利要求记载的技术特征被全部实施，尚不足以认定其构成共同侵权，需要各主体之间是有"分工"且有"协作"关系，对其他方的行为彼此之间应该有最起码的认识。

就本案而言，北京高院认为包括个人用户在内的任何实施人均不能独自完整实施涉案专利，并且也不存在单一行为人指导或控制其他行为人的实施行为，或多个行为人共同协调实施涉案专利的情形。因此终端使用者、无线接入点的使用者和认证服务器的使用者之间的行为结合在一起不构成直接侵权。终端使用者、无线接入点的使用者和认证服务器的使用者之间不存在"共谋实施"的情形是比较明显的。在终端要接入无线局域网时，用户只需要点击相应的按钮，相应的流程即会发起，用户无须和无线接入点的使用者和认证服务器的使用者进行共谋。但为何三者之间不存在分工协作的关系？可能的一个解释是，终端使用者并不知道无线接入点的使用者和认证服务器的使用者是如何行为的，对其行为没有基本的认识，各方之间只是单独实施自己的部分，并不存在"协作"的情形。

三、"腾达案"中讨论的路径

虽然最高法院 2019 年判决的"腾达案"被很多人作为"多人分别专利侵权"来探讨，但实际上该案中涉及的相关问题并不如西电捷通案中那么复杂。本案的专利权利要求 1 为：一种简单访问网络运营商门户网站的方法，其特征在于包括以下处理步骤。A. 接入服务器底层硬件对门户业务用户设备未通过认证前的第一个上行 HTTP 报文，直接提交给"虚拟 Web 服务器"，该"虚拟 Web 服务器"功能由接入服务器高层软件的"虚拟 Web 服务器"模块实现；B. 由该"虚拟 Web 服务器"虚拟成用户要访问的网站与门户业务用户设备建立 TCP 连接，"虚拟 Web 服务器"向接入服务器底层硬件返回含有重定向信息的报文，再由接入服务器底层硬件按正常的转发流程向门户业务用户设备发一个重定向到真正门户网站 Portal_ Server 的报文；C. 收到重定向报文后的门户业务用户设备的浏览器自动发起对真正门户网站 Portal_ Server 的访问。

可以看到，与西电捷通案中的涉案专利方法是一个由终端、认证服务器、无线接入点三者组成的架构，三者交互实现涉案专利方法的目的不同，腾达案主要涉及两方，即"接入服务器底层硬件"与"门户业务用户设备"，并且在这里面主要的工作是由"接入服务器底层硬件"来完成（即执行 A 和 B 两步），而"门户业务用户设备"所执行的 C 步不过是一个通常的操作，即使没有前面两个步骤，任何门户业务用户设备收到真正门户网站 Portal_ Server 的报文，其浏览器都会自动发起对门户网站的访问。

正如笔者前面几章分析的，这样一个架构是一种典型的可以适用于"归咎理论"的情形："接入服务器底层硬件"的使用者才是真正实现了发明目的人，或者说由他控制"门户业务用户设备"的使用者来完成整个发明方法，"门户业务用户设备"使用者无非是"接入服务器底层硬件"使用者的一个"工具"，因此他的行为可以被归咎于门户业务用户设备的使用者。在这种逻辑下，只要认定了门户业务使用者的行为构成直接侵权，那么向其销售专用侵权设备的人（即本案被告）就可以被认定是帮助侵权。可以看到，这种"归咎—帮助侵权"的路径并不违背已有的侵权法理论和我国立法规定。

但最高法院在本案中却提出了一种新的思路："制造等于使用"路径。即认为被告将专利方法的实质内容"固化"在被诉侵权产品中（究其本质，是一种制造行为），而终端用户在正常使用这种产品时就会自然再现该专利方法，因而被告侵权成立。这其实是在专利法第 11 条的明文规定下通过司法创设了一种新的专利侵权行为"制造实质上用来实施专利方法的产品"，或者至少是"制造实质上是用来实施通信领域专利方法的产品"。

笔者认为，对"归咎理论"的应用，需在个案中整体考查侵权犯意的形成、侵权行为的实施程度等方面来确定是否存在可被归咎的主体以及谁是可被归咎的主体。[①] 但"归咎—帮助侵权"的路径更是一种对法律的解释，而"制造等于使用"路径则更是一种立法。

最高法院的目的是保护网络通信领域的技术创新，但这种对专利明文立法的突破方式，是否合适？由此引出的，在我国社会主义法治建设中，立法与司法之间的关系到底应该如何界定？司法应该如何恰当发挥其能动性？这些可能是更深层次的问题。

---

① 详见笔者在后文对"归咎理论"在民法法系中的理论分析。

四、我国学者对多主体分别侵权问题的讨论

对于多个主体的行为结合在一起实施了权利要求技术特征，在何种情况下构成直接侵权行为，在我国的讨论还不太多，已经有的观点也存在比较多的分歧。有人认为应该适用"客观关联共同侵权"理论来处理。多主体实施权利要求记载的技术方案的行为的具体表现为"（1）联合实施方法专利步骤数人的行为耦合在一起，再现了方法专利的所有步骤，可以被规范地评价为侵犯了一个专利权；（2）由于只侵犯了一个专利权则造成同一损害；（3）数人是造成侵害专利权的共同原因，无法分割出是谁造成专利权人的损害"，因此这一理论非常适合于解决这一问题。①

也有人主张我国宜采用类似于美国的"控制或指导"理论，"首先，应明确方法专利自身的权利范围和有效的专利步骤；其次，对涉案的侵权行为人的行为进行归纳，看是否整体上包含了全部的方法专利步骤；再次，根据实施步骤的重要性、数量、产品的处理者等因素判断出主要负责人；最后，看主要负责人是否实施了指示或者控制其他人的行为"。而"对于指示或者控制的判断，主要关注两个方面：一方面是判断行为人是否有权、有能力控制其他行为人，即如果是强势的商事主体或者有利益控制能力的主体，就比较有可能有能力控制其他主体听其指示；另一方面是行为人是否从侵权行为中获得了直接的财产利益"②。不过，该学者在支持指示或控制理论的同时，却又赞成对于多个主体的行为结合在一起实施了权利要求技术特征的情况，认定侵权时不应考虑当事人之间的主观联络。③ 这是明显的自相矛盾。如果行为人之间具有指示或控制关系，则其间必然有主观上的联络。"指示"或"控制"本身即表明了指示人或控制人与被控制人或被指示人之间存在着意思上的联络。

还有人也同样主张应主要借鉴美国法院确定的单一主体原则，"对于产品专利或产品制造方法专利，只有在一方完整地实施直接侵权行为的前

---

① 沈剑锋、何经纬：《数人联合实施方法专利步骤的侵权认定标准》，《知识产权》2015 年第 8 期。

② 张泽吾：《方法专利分离式侵权判定研究》，《法学杂志》2016 年第 3 期。

③ 同上，第 64 页，"在实践中，应当将犯意联络作为区分一般共同侵权和方法专利分离式侵权的重要考量因素，以保证在认定侵权时，不会因不存在犯意联络而轻易放弃对方法专利侵害行为的规制。"

提下，才能判断教唆者或帮助者是否应承担共同侵权责任；对于其他类型的权利要求，即使多个实施者有共同故意或过错，但如果不能将全部的侵权责任归咎于其中的某一方而成立直接侵权，仍不宜认定共同侵权成立"。在多人行为共同实施了权利要求记载的技术特征的情况时，需要其中一人和对其他人具有控制或指示关系。[1]

也有学者支持最高法院在"腾达案"中的思路，认为"事实上判定侵权时不必纠结其他主体是否有主观过错、是否直接侵权等疑难问题，仅需考虑在设计、生产和销售的装置或设备中事先植入实施方法专利的关键程序，并因此获得相应利益的主体之直接侵权责任"。[2]

五、我国应采基于因果关系的归咎理论以及共同过错说

笔者认同我国采纳归咎理论，来处理一部分多主体专利侵权案件（例如"腾达案"中所涉及的事实的情况）。但与美国的单一主体原则不同，我国的归咎理论其侵权法基础不应该是"替代责任"。在大陆法系民法框架下，"对自己的行为负责"是一个基本的现代民事法律原则，只有在法律有明文规定的情况下，才可以出现为他人行为负责的例外（例如我国民法典第 1188—1201 条的规定）。英美普通法下基于"主人—仆人"的替代责任规则，从而将"仆人"的行为视为"主人"的行为，这在大陆法系下是没有的。

笔者认为，在大陆法系框架下，这种归咎理论，其实是一种对因果关系的考察。也就是说，责任承担者的行为直接、主要地导致了侵害结果的发生；而其他人的行为虽然也构成了侵害结果发生的因果关系，但这种因果关系是间接的、次要的，损害后果的发生对于其他人而言是不可预见的，因此，其他人并不承担责任。举例来说，某甲在饭店吃饭，作为厨师的某乙认出他是自己的仇人，因此有意加害于他，在所做的菜中放毒，而某丙作为饭店的服务员，将某乙做好的有毒菜肴端给某甲，某甲食用后死亡。在这样一个案件中，某乙是侵害的犯意的制造者，也主要实施了侵害的行为，而某丙端菜的行为虽然也对某甲的死亡有因果关系，却是间接

---

[1]　宋献涛：《云计算时代间接侵权的困境和出路》，《中国专利与商标》2015 年第 1 期。

[2]　管育鹰：《软件相关方法专利多主体分别实施侵权的责任分析》，《知识产权》2020 年第 3 期。

的、次要的，某丙的行为是一个正常服务员的行为，某甲的死亡对他而言是不可预见的，因此某丙端菜的行为就可以被"归咎"于某甲，只需要由某甲承担责任。

在前述的"腾达案"中，情况也是如此。接入服务器底层硬件的使用者是实施这一方法的造意者，也实施了专利方法的两个核心步骤，而门户业务用户设备的使用者虽然也实施了步骤 C，但在其行为时，专利的主要发明点其实已经被实施完毕，他的行为是一个正常要访问门户业务的客户都会有的行为，因此他对整个专利方法被实施这一事实并不具有可预见性。

而对于那些无法根据因果关系来适用于归咎理论的案件，就我国现在的立法而言，多主体分别专利侵权的请求权基础只能是民法典第 1168 条（原侵权责任法第 8 条）规定的共同侵权制度。而如何理解"共同"，我国理论界有意思联络说、共同过错说、关联共同说、折中说。意思联络说又称为共同故意说，认为仅行为人之间存在共同故意时，才成立共同侵权；而共同过错说认为共同过失也构成共同侵权。意思联络说和共同过错说，又被合称为主观说。而关联共同说即我们前面介绍过的客观关联共同说，认为各加害人的行为产生同一损害，即使无共谋和共同认识，仍应构成侵权行为。折中说则主张在某些情况下，当事人之间虽然对损害结果的发生没有意思联络，或者也没有共同的过失，但其过错具有相同或相近的内容，相应的行为结合在一起造成同一损害，也属于共同侵权行为。[①]

对于我国侵权责任法应采取哪一学说，目前并无统一意见。[②] 但就多主体分别专利侵权而言，笔者认为我国应采纳共同过错说。

首先，我国不宜单纯地采纳像美国法院确定的单一主体原则。正如我们在本书第一章中所讨论的，美国联邦巡回上诉法院发展出的单一主体原则，有其自身的立法背景。在 1952 年之前，美国法院对于涉及多人侵权的问题（包括教唆、帮助行为），一直是适用美国普通法上的共同侵权规

[①] 张新宝：《侵权责任法原理》，中国人民大学出版社 2005 年版，第 81 页。

[②] 例如，杨立新认为应采"关联共同说"，见杨立新《〈中华人民共和国侵权责任法〉条文释解与司法适用》，人民法院出版社 2010 年版；陈华彬认为应采"意思联络说"，见陈华彬《债法各论》，中国法制出版社 2014 年版，第 185 页；全国人大常委会法工委民法室则是持"折中说"，见全国人大常委会法制工作委员会民法室《〈中华人民共和国侵权责任法〉条文说明、立法理由及相关规定》，北京大学出版社 2010 年版，第 35 页。

则在处理。但美国国会 1952 年通过立法的形式，在专利法第 271 条规定了直接侵权［271（a）］、诱导侵权［271（b）］和帮助侵权［271（c）］，这被联邦法院解读为国会有意要通过立法形式对专利侵权的形式予以封闭式的限定。这样一来，在美国普通法上的侵权理论在专利案件中就不再有适用的空间，包括了普通法上"与他人协同一致或按照一个共同的计划执行侵权行为"。基于这一背景，美国联邦巡回上诉法院发展出了单一主体原则，即必须是某一个主体单独全部实施了权利要求中记载的所有技术特征，才构成 271（a）意义上的直接侵权行为。如果有不同的主体分别实施其中的技术特征，则这些其他主体的行为必须能被归咎于某一主体，才能认定为存在直接侵权。

而我国的立法模式，更类似于德国和日本，关于侵权、共同侵权的规则规定于民事法律当中，专利法只是一个特别法。两者都是立法机构制定的，效力上是相同的。因此，在专利法没有规定的情况下，民事侵权法的规则将对专利侵权案件的审理形成补充。所以，理论上侵权责任法的所有规定（包括第 8 条关于共同侵权行为的规定、第 9 条关于帮助和教唆行为的规定等），均可以适用于专利侵权案件的处理。

事实上，美国无论是理论界还是联邦法院也已经意识到，过于僵化的单一主体原则不利于保护专利权，因此不断有学者发表文章，甚至法官在判决书中，提议在某种程度上将普通法上的"与他人协同一致或按照一个共同的计划执行侵权行为"的规则引入到专利侵权判定中。只是现在美国联邦巡回上诉法院的主流意见，仍然坚持对专利法第 271 条做"封闭式"解释。在这一背景下，联邦巡回上诉法院的主流意见也尽可能对单一主体规则予以灵活处理。目前，其他主体的行为如何算是"被归咎于某一主体"，联邦巡回上诉法院认为存在以下两种中任意一种时，则被视为其他主体的行为可以归咎于某一个主体，一是某一主体指示或控制（direct or control）其他主体的行为，即该主体与其他主体之间存在"控制关系"。二是各执行主体之间构成了"合营关系"（joint enterprise）。这时，任何一个主体都可以作为单一主体因其他主体的行为被归咎。但联邦法院也同时强调，这两种关系并不是封闭的，也有可能存在其他的方式，这需要在个案中进行认定。对于何为"某一主体指示或控制（direct or control）其他主体的行为"，联邦巡回上诉法院最开始只将其限于各主体构成了普通法上的主仆关系（现在的用语叫"代理关系"）或某一方通过合同指示他人从事某行为（类似于普通法上足以成立替代责任的雇主与独立承包商之间的关系），后来又扩展到"被控侵权人将其他主体执行权利要求中的步骤作为其参与某个活动或者得到某种利益的条件，并且设定了执行这些步骤的时间或方式"这种情况。[①] 也就是说，不仅"指示或控制"及"合营关系"这两个分类是可以扩展的，到底什么是"指示或控制"关系，也是可以再扩展的。这其实已经给多主体共同实施技术方案的解决提供了很大的灵活性。

而我国目前专利法作为特殊法，侵权责任法作为兜底补充的立法体制，本身就给予了司法这样的灵活性，这有利于加强专利的保护。我们不应自废武功，纯粹学习美国。

其次，在如何认定多人行为共同实施了权利要求记载的技术特征的情况是否侵权这一问题上，我国也不宜采纳客观关联共同说或本书第三章所介绍的，由日本学者提出的风险规避义务理论。

笔者在本书第三章对风险规避义务理论进行评价时已经提出过，其首先假定"权利要求的技术特征被全部实施"意味着"权利受到了侵害"，因此才会出现行为人部分实施技术特征，意味着"将权利置于被侵害的危险当中"这一认定。但是，"权利受到了侵害"本身是一个带有法律价值的评价，受到各国法律政策的影响。作为不同于传统的民事权利的知识产权，"权利要求的技术特征被全部实施"与"权利受到了侵害"之间并没有必然的逻辑联系。

客观关联共同说也有着同样的问题。其理论的基础都在于权利要求的技术特征被全部实施即等同于权利受到了侵害。

在民法理论当中，一个侵权行为的成立通常需要满足四个要件，即行为的违法行为、损害后果、违法行为与损害后果之间的因果关系以及过错。[②] 对于无过错责任，则只需要具备前三个要件即可以。可以看到，无论是过错责任还是无过错责任，仅仅有行为、损害后果和行为与损害后果之间的因果关系，尚不足以使行为人承担侵权责任，行为人的行为具有违法性，也是一个必要的条件。很多情况下，行为人可能给对方造成损害后果，但由于其不具备违法性，则不构成侵权。这样的例子有很多。例如，

---

① Akamai Technologies, Inc. v. Limelight Networks, 797 F. 3d 1020 (2015), 1022—1023.

② 杨立新：《侵权责任法：条文背后的故事与难题》，法律出版社 2011 年版，第 28 页。

某甲与某乙谈恋爱，后某甲另有所爱，所以断绝了和某乙的恋爱关系，给某乙造成了精神上的损害。某甲的行为因为不具备违法性，所以并不构成对某乙权利的侵害。再比如，某甲开了一家饭馆，生意兴隆。后某乙在他旁边也开了一家饭馆，抢了某甲很多的市场份额，给某甲造成经济上的损害。某乙的行为属于正当竞争的行为，也不具备违法性，所以并不构成对某甲权利的侵害。又比如，某一消费者使用了一个具有某权利要求记载的全部技术特征的产品，可以认为这在事实上对专利权人造成了损害，但在中国由于消费者的行为不是以生产经营为目的，所以其行为不具有违法性，而不构成专利侵权。不过在美国，这种行为具有违法性，构成专利侵权。可以看到，如果说是否存在损害事实是一个客观问题，那么某个行为是否违法，是一个价值判断问题，受到一个国家法律政策（而这一政策又受到该国的习俗、经济发展方式等很多情况的影响）决定。存在损害事实本身并不决定引起它的行为的违法性。

就多人共同实施了权利要求记载的技术特征的情况，因为其权利要求记载的技术特征被实施，可以认为导致专利权人独有的实施权受到损害，但多主体间的行为是否具有违法性，或者在什么情况下具有违法性，从而使得其应该承担侵权责任，这是一个价值判断层面的问题。我们不能先预设了这是"违法的"，然后从侵权法的诸种理论中找出一种适合的来套用在这一假设上。尤其是对于专利权这样一种具有法定性的权利，这种方式将可能导致专利权被不适当地扩大，公众的自由活动空间被不适当地减小。

在现实应用的场景中（例如云计算的场景、通信的场景），某个主体，尤其是一个终端使用者（可能是消费者，有可能不是），关心的只是某个技术对他而言有意义的那一部分的情况。他可能仅仅是点击一个按钮以获得相应的服务，至于之后在云端或者是服务器端将如何处理，他并不关心，也不知道。他所要面对的只是一个服务（技术）最终达成的效果，至于这个被实现的效果的技术方案是什么，是由谁来完成，他并不关心。如果他点击这个按钮的行为作为权利要求的第一步，之后在服务器侧的行为被权利要求记载成另外的步骤，则整个过程会导致权利要求的特征被完全执行。按照客观关联共同说和风险规避义务理论（根据该理论，是这个终端使用者将权利要求所记载的技术方案置于了被完全实施的风险之地），这个终端使用者将和服务器端的操作者一起构成共同侵权。笔者认为这对于终端使用者而言是非常严苛的，将抑制其运用新技术的动力，不利于经济的发展。

而造成这种结果的原因，在很大程度上又是由于专利权人自己过于随意的权利要求撰写方式。正如美国联邦巡回上诉法院在 BMC Res., Inc. v. Paymentech, L. P. 案的判决中所指出的，专利的权利人完全可以在申请文件的撰写的过程当中通过单侧撰写的方式规避这一问题。在专利权人可以通过申请阶段自行规避侵权不确定性风险的情况下，则没有必要将这一风险转嫁到公众身上。这也是一个使包括信息成本在内的广义的交易成本降到最低的制度性安排。专利权人仅仅更换一套权利要求的撰写方式的成本显然比社会公众确定是否侵权的成本来得更低。①

同美国一样，在我国也有人在讨论西电捷通无线网络通信股份有限公司诉索尼移动通信产品（中国）有限公司一案时，曾认为有些专利只能写成是由多主体共同执行的权利要求，最高法院在"腾达案"中，也认为"网络通信领域……中的绝大多数发明创造的类型为方法专利，且往往只能撰写成为需要多个主体的参与才能实施的方法专利……"但这一结论是错误的。以西电捷通案的专利权利要求为例，我们可以看到，完全可以进行单侧撰写。

与前述七个步骤的权利要求不同，单侧撰写的权利要求可以是：

> 一种终端 MT 安全接入无线接入点 AP 并与其进行数据保密通信的方法，其特征在于，接入认证过程包括如下步骤：步骤一，移动终端 MT 将移动终端 MT 的证书发往无线接入点 AP 提出接入认证请求；步骤二，移动终端 MT 接收自无线接入点 AP 而来的证书认证结果，该结果包括了认证服务器 AS 对 AP 证书的认证结果，并对认证结果进行判断；若无线接入点 AP 认证通过，移动终端 MT 与无线接入点 AP 之间的接入认证过程完成，双方开始进行通信。否则，移动终端 MT 拒绝登录至无线接入点 AP。

甚至可以写为装置权利要求：

---

① BMC Res., Inc. v. Paymentech, L. P., 498 F. 3d 1373 (2007), 1381, "The concerns over a party avoiding infringement by arms-length cooperation can usually be offset by proper claim drafting."

一种安全接入无线接入点 AP 及与其进行数据保密通信的终端 MT，其特征在于，该终端包括发送模块、接收模块、校验模块及通信模块。其中发送模块用于将移动终端 MT 的证书发往无线接入点 AP 提出接入认证请求；接收模块用于接收自无线接入点 AP 而来的证书认证结果，该结果包括了认证服务器 AS 对 AP 证书的认证结果；校验模块用于认证结果进行判断，并在认证通过后，通知通信模块与无线接入点 AP 建立连接并进行通信。

"腾达案"的专利，也同样可以进行单侧撰写：

一种协助门户业务用户设备访问网络运营商门户网站的方法，其特征在于包括以下处理步骤：A. 接入服务器底层硬件对门户业务用户设备未通过认证前的第一个上行 HTTP 报文，直接提交给"虚拟 Web 服务器"，该"虚拟 Web 服务器"功能由接入服务器高层软件的"虚拟 Web 服务器"模块实现；B. 由该"虚拟 Web 服务器"虚拟成用户要访问的网站与门户业务用户设备建立 TCP 连接，"虚拟 Web 服务器"向接入服务器底层硬件返回含有重定向信息的报文，再由接入服务器底层硬件按正常的转发流程向门户业务用户设备发一个重定向到真正门户网站 Portal_ Server 的报文，以使门户业务用户设备根据该报文对真正门户网站的 Portal_ Server 进行访问。

同样可以写成一个装置权利要求：

一种协助门户业务用户设备访问网络运营商门户网站的接入服务器，其特征在于，包括底层硬件模块，用于对门户业务用户设备未通过认证前的第一个上行 HTTP 报文，还用于按正常的转发流程向门户业务用户设备发起由虚拟 Web 服务器模块返回的重定向的真正门户网站 Portal_ Server 的报文；虚拟 Web 服务器模块，用于接收从底层硬件模块直接提交的所述第一个上行 HTTP 报文，并虚拟成用户要访问的网站与门户业务用户设备建立 TCP 连接，向接入服务器底层硬件返回含有重定向信息的报文。

专利申请人自己的撰写失误，却让公众来承担责任，这显然是不合适的。而客观关联共同说和风险规避义务理论就将导致这样的结果。

最后，笔者认为对于多主体专利侵权问题，采意思联络说，将给专利权人造成过大的举证责任。在专利权人无法证明侵权行为人具有"共谋"的情况下，将无法获得保护。①

因此，笔者认为对于多人行为共同实施了权利要求记载的技术特征的情况，应该坚持要求行为人之间的共同过错，即至少存在"分工协作的关系"，相互之间对对方的行为要有认识并且至少对于损害结果的发生要持共同过失状态。共同过错的存在，表明了行为人之间并非单纯地执行某一行为，并且表明他们之间对损害结果和其他人的行为有着起码的认识。这意味着行为人之间具有较大的主观恶意，使其依据侵权责任法第8条承担责任，是较为恰当的。

事实上，就像在西电捷通无线网络通信股份有限公司诉索尼移动通信产品（中国）有限公司一案中所表明的，在实践当中，原告很多时候是起诉提供专用于执行专利方法的工具的人。在传统的侵权责任法框架下，这些人是否构成帮助侵权，端赖于执行专利方法的人是否构成直接侵权——这就会涉及我们上面讨论的多人行为共同实施了权利要求记载的技术特征的情况。但是如果将间接侵权制度独立于直接侵权，例如德国专利法第10条所做的，不去考虑直接实施的人是否在法律上构成侵权，只需要考察在事实上，他或者他们是否未经专利权人授权而实施了权利要求记载的所有技术特征，则就可以直接适用间接侵权的规定。这种制度安排，可以避免使法官对专利直接侵权进行过于扩大化的解释，不合理侵害公众自由；又可以为法官保护创新、铲除侵蚀专利权人市场份额的"邪恶之根"留下比较合适的解释空间。

---

① 关于意思联络说和共同过错说的比较，可以参见王利明《侵权行为法归责原则研究》，中国政法大学出版社2004年版，第367—370页。

结　语

　　本书比较了美国、德国和日本专利共同侵权的规则及其发展历史。

　　美国专利共同侵权规则可以 1952 年专利法为界，分为两个阶段。1952 年专利法之前，在存在多人共同行为的结果导致专利的发明创造被实施时，法院会引入普通法的共同侵权规则来进行考量，所采用的普通法共同侵权规则包括了行为人"与他人协同一致或按照一个共同的计划执行侵权行为"（例如，1871 年 Wallace v. Holmes 案即采用这种方式）；以及"明知他人的行为构成了对义务的违反，仍然对他给予实质性帮助或者鼓励而使其采取该等行为"等普通法上的规则。由于是共同侵权，因此在涉及从事"帮助"行为、"鼓励"行为的被告时，法院都明确要求其所帮助、鼓励的对象的行为本身需要构成侵权行为。

　　专利权人利用这种共同侵权制度，通过捆绑销售协议的方式，尽可能垄断其专利权之外的产品，例如，在出售专利产品时，限制用户购买非来源于专利权人的且不在权利要求范围之内的备件产品等。因为通过这种协议，很容易使用户与专利权人的竞争对手满足普通法的共同侵权要件。这种行为于 1912 年通过 Henry v. A. B. Dick 案[1]获得了联邦最高法院的认可，此时美国透过专利共同侵权规则对专利权人的保护达到了顶峰。之后就开始走下坡路，首先是在 1917 年的 Motion Pictures Patents Co. v. Universal Film Manufacturing Co. 案[2]中否定了捆绑销售非专利产品的协议的效力，之后在 1931 年的 Carbice Corp. of America v. American Patents Development

---

[1]　Henry v. A. B. Dick, 224 U. S. 1 (1912).

[2]　Motion Pictures Patents Co. v. Universal Film Manufacturing Co., 243 U. S. 502 (1917).

Corp. 案①中又发展出了专利滥用②规则，并最终在 1944 年通过 Mercoid Corp. v. Mid-Continent Investment Co. 案在实践上废除了专利共同侵权规则，将专利权的保护范围严格限缩在专利权利要求记载的范围之内。

正是在这一背景下，美国于 1952 年将其侵权规则法典化，在第 271 条对专利侵权的形态做了规定。其中 271（a）规定了所谓的"直接侵权"，271（b）和 271（c）在概念上把传统的共同性侵权（contributing tortfeasors）区分为诱导侵权［271（b）］和帮助侵权［271（c）］，并在 271（d）对专利滥用和帮助侵权的关系做了界定。通过这部法律，美国国会重新赋予共同侵权在专利侵权上的地位，并平衡了该制度与专利权滥用制度的关系。

从 271（b）和 271（c）文本可以看到，国会在制定这两条时，吸收了普通法中关于共同侵权规则的两个关键性要素，即直接行为者行为的违法性以及帮助者（包括教唆者或辅助者）的主观故意——需要达到"知道"其行为将导致他人"侵权"这样的程度。

美国法院在应用第 271 条时，将 271（b）和（c）所要求的"侵权"，界定为 271（a）意义上的侵权，也即所谓间接侵权必须要以存在直接侵权为条件的原则。在认定 271（a）意义上的侵权时，美国法院又发展出了单一主体原则，即权利要求中的所有技术特征都必须由一个主体来实施，如果存在多个主体，其行为共同导致了权利要求记载的技术特征被实施的结果，则这多个主体的行为必须要能够归咎于某一个主体时，才可能由这个被归咎的主体承担 271（a）下的责任，其他主体是否承担责任，视其行为是否符合 271（b）或 271（c）的要件。

在什么情况下其他人的行为能够"归咎"于某一人，美国法院要求该人对其他人具有控制关系，具体表现为三种：一是代理关系（master-servant）；二是合营关系（joint enterprise）；三是利益依赖关系，即其他人以执行权利要求的某些技术特征为条件才能从某一人处获得利益。至于是否还有其他情形，法院持开放态度，但也明确还有哪些情形满足"控制"这一条件，留待今后具体案件中再来建立规则。

在 1952 年专利法将专利共同侵权的规则成文化之后，在美国法律界

---

① Carbice Corp. of America v. American Patents Development Corp., 283 U.S. 27 (1931).
② Mercoid Corp. v. Mid-Continent Inv. Co., 320 U.S. 661 (1944).

一直有人主张普通法上的共同侵权规则仍然可以继续适用于专利侵权案件。但美国法院在多个判例中，多数意见一直坚持认为国会在成文法上的规定是封闭性的，意味着专利侵权的规则只能由此而出，不能再将普通法上的共同侵权规则引入到专利侵权判定中，对于普通法上那些国会没有在成文法中规定的共同侵权形态，表示国会有意要将其排斥在专利共同侵权规则之外。最典型的例子就是普通法上的"与他人协同一致或按照一个共同的计划执行侵权行为"这种共同侵权行为，被美国法院排除在专利侵权行为之外。美国法院对271（a）坚持单一主体原则和控制关系，这是一个很重要的原因。

德国专利共同侵权规则也可以分为两个阶段，以1981年专利法为界。在1981年专利法修改之前，德国在其专利法第6条规定了专利权的效力。这一条成为专利权人权利被侵犯时的请求权基础。这一规定涉及的行为在专利法理论上是所谓的"直接侵权行为"（Unmittelbare Patentverletzung）。

德国的间接侵权理论规则在1981年之前一直是司法上确立的一个规则。这一规则可以一直追溯到帝国法院1888年的Bremsklotz I案和1890年的Bremsklotz II案（彼时德国民法典尚未生效）。在这些案件中，帝国法院确认了当供货方与买方的行为构成刑法规定的"共同故意行为"时，即买方的其他行为和供货方的供货行为一起达成了刑法意义上的共犯标准，这时候供货方才构成专利侵权。德国刑法要求参与各方须对其行为给他人造成的损害具有共同故意，后来这一标准被德国民法典所继承。

这一标准对权利人提出了较高的证明要求。之后德国的判例发展，主要集中在对共同侵权者（尤其是供货方）主观要件的讨论上，法院通过一系列判例降低了对主观要件的要求，从而使专利共同侵权规则相比较传统的民事共同侵权或者刑事共同犯罪，呈现出显著的特点。

在帝国法院时期，帝国法院对"共同"专利侵权中当事人主观方面的认定标准大大降低，这表现在：（1）对间接侵权人（往往是供货商）的主观状态可以是过失的形式，他只需要知道购买者的使用意图即可能构成侵权。原告只需要证明供货商对专利保护或者用户是否获得了授权这样的事实认识存在"过失性的疏忽"（fahrlässige Unkenntnis）就足够了，不需要证明其对购买者的使用行为的违法性知道并且有意愿。（2）直接侵权人（往往是购买者）的主观状态可以不必考虑。法院考察的重点是间接侵权人与直接侵权人之间的主观方面的联系（subjektive Verknüpfung），而对直接侵权人主观状态的证明不做实质性要求。

进入到联邦法院时期后，德国法院进一步将对主观状态的证明客观化，将考察共同侵权人的主观状态转变为考察被诉产品和专利之间的技术关系，即被控产品是否属于"具有'发明功能个性化'的产品"：具有特殊设计而能用于实施专利从而使其区别于其他普通产品的产品。这并不要求这种产品除了用于实施专利之外不能具有其他用途。如果被诉产品与专利产品之间存在这样的技术关系，则可以认定共同侵权人的主观状态要件得到满足。被告这时候只能通过证明自己在销售时"告知了其客户可能存在专利侵权的情况并且采取预防措施防止侵权的发生"来证明自己不具备主观过错。

由于这一时期德国专利共同侵权规则是从刑法的共同犯罪发展而来的，因此要求必须以存在确实的专利侵权（也即直接侵权）为前提。而德国专利法第6条要求的侵权必须是在商业上的行为，因此德国联邦法院曾明确判决，帮助消费者实施发明创造，并不构成共同专利侵权。

在1981年德国大范围修改了其专利法，在第9条和第10条规定了专利侵权行为。其中第9条规定了三种直接侵权行为和一种传统上的间接侵权行为，即明知他人使用方法是侵权，却仍向其许诺销售该方法供其使用。第10条规定了通过"提供有关发明创造实质性要素的手段"而帮助、诱导他人实施专利保护的发明创造的行为。第10条只要求被帮助、诱导的人实施了发明创造即可，并不要求其行为构成侵权（即具有违法性），因此第10条关于间接侵权的规定是独立于第9条规定的直接侵权行为的。这是一个很大的变化。这样，帮助和诱导消费者实施发明创造的商人，就不能再因为消费者不构成侵权而被免除于侵权责任之外。

如果某个共同侵权人不符合专利法第9条规定的直接侵权或第10条规定的间接侵权要件，其仍然可能被判定为侵权而承担责任。因为德国的专利法和民法典都属于制定法，并不存在互相排斥的问题。民法典中关于共同侵权的规定，仍然可以继续适用于专利侵权判定。当法院根据民法典的共同侵权制度来认定时，则被控侵权人构成德国民法典第830条意义上的共同侵权人。

德国民法典关于共同侵权的规定是相当宽泛的，很可能导致专利权人的权利过宽，影响商业交往，因此需要划定合适的界限。德国目前只是通过法院的判例，在个案中寻找标准。2009年联邦最高法院在MP3 player

Import 案中，总结了 1991 年以来的观点，明确了法院要求可归责的行为须违反了某项"法律上的义务"：a）该义务的目的是保护被侵犯的绝对权利，而行为人如果履行了该义务，则意味着将侵权结果归因于他是不恰当的，或者 b）该行为在任何情况下都可被视为一项应被禁止的导致第三人非法行为的原因，因而行为人不应该实施它。该"法律上的义务"是否存在及其范围，是由法官在个案中确定的，决定性的标准是，根据案件的情况，被控侵权人是否能够，或者多大程度上能够合理地采取行动，防止侵权行为实际发生。之后下级法院一直在这一指导下进行个案裁判。

上述案件主要是针对"帮助或教唆"的情况，即德国民法典第 830 条（2）的情形。对于第 830 条（1）的共同侵权（即"共同正犯"）的情形，德国联邦最高法院没有明确的判决。但从其已有判决可以认为，这种情形也能够被引入到第 9 条当中。

在多个主体的共同行为导致发明创造被实施的情况下（即 830（1）的情形），目前德国下级法院通过判例确定的标准，类似于美国法院采取的"归咎原则"：要求其他主体的行为能够被归咎（attributed to）于某一主体。有一个例外是，如果第三方的行为是"添加了一个成分"而导致了"被保护的组合物"产生，在这个"成分"并非关键部分时，也可能构成侵权。如果达不到这一标准，由于存在"发明创造被实施"的情况，还可能根据专利法第 10 条主张侵权责任。

日本在 1959 年制定的专利法中，在第 101 条增加了间接侵权（有日本学者称其为"法定侵权"）的条款。对于这一条款与直接侵权条款的关系，日本法官在"面包机"案中有过详细的阐述，认为对于日本专利法确定的一些不侵犯专利权的情况——例如不是作为企业来实施专利——只是出于政策的目的。因此如果有人企图销售专用于实施专利产品的物品进入这些市场，仍然构成专利侵权。但其实第 101 条已经给予了间接侵权制度（即日本一些学者所称的"法定侵权"制度）独立于直接侵权的空间。

同德国一样，日本专利法第 101 条也并不排斥日本民法典中关于共同侵权的规则适用于专利案件。对于多个主体分别实施权利要求中的技术特征，在什么情况下其会构成专利侵权的问题，虽然日本法院并无明确的判例，但日本学者之间有着很多的讨论。其中一种比较流行的理论是被称为"共同直接侵权"（joint direct infringement）的理论。该理论最初是为解决在一个分布式处理网络中，多个主体执行了"一个单独的"侵权行为的情形。但后来该理论被用在多个主体分别执行权利要求中的某些技术特征的情形。这就造成了一个问题，即多个主体的行为如何能够被视为"一个单独的"行为。日本学者目前普遍的观点是，从一个客观的角度审视，根据多主体相互间的联系，看其行为是否应实际被看为"一个实施行为"。这种情况下，实施了专利方案实质性部分的一方应被视为直接侵权方。

然而关于什么样的"多主体间相互的联系"能够使其行为被视为"一个实施行为"，各学者间也有不同观点。归纳起来，主要的观点有：（1）多主体间需要有主观的共同故意（即采侵权法上的主观关联说）；（2）只需主观上对双方的行为有认识即可，无须共同故意；（3）一方对另一方有控制关系；（4）一方对被控侵权的系统或过程有控制力，并且从中获得了利益。第（4）种途径是参考日本最高法院在版权法上做出的判例，即被控侵权人对被控侵权系统有控制权且从其控制中获得了利益。

从一个角度看，日本学者思考多主体间的行为能否被视为"一个实施行为"，类似于美国法上的单一主体原则。但从日本学者的论述看，显然这又与美国的单一主体原则有所不同。至少对部分日本学者而言，仅仅考察多主体间的共同故意即已足，这是传统民法中的共同侵权规则的适用。也就是说，他们认为只要多主体间存在共同故意（即传统的共同侵权行为），也可以视为他们"实施了一个行为"。而美国专利法是明确排斥将"协同行为"这种普通法上的共同侵权行为纳入专利侵权考量范围内的。

日本法院真正在判决中承认的，就是一个主体被另一个主体作为"工具"来使用的情形下，其他主体的行为被视为这个主体的行为。这种理论其实和德国与美国采取的归咎理论有相似之处，即在存在多个主体共同行为导致实施专利权的情形下，将某些人的行为归咎于某一主体。

比较三个国家的归咎理论，看到有如下的区别和异同。

在德国，归咎关系取决于各人的行为与专利保护的技术方案的发明目的之间的关系，只有那些实现了发明目的的人，其他人的行为才能归属于他。在美国这种归咎关系取决于行为人之间的法律关系。而日本的这种"工具理论"，则更着眼于原被告之间在主观联络上的关系。

另外，在美国法下，被归咎之人即承担271（a）直接侵权行为之人，其他人可能根据271（b）或271（c）来承担间接侵权责任。但在德国，因为被归咎之人可能和其他人之间本质上是一种共同侵权关系，故所有人都是根据专利法第 9 条来承担责任。在日本也是如此，被归咎之人是根据日本民法第 709 条或第 719 条第一款的规定承担责任。

从上述研究可以看到，每个国家的专利共同侵权理论或间接侵权理论，都根植于其独特的法律制度当中，有其自身的法律体系背景和制度逻辑。我国目前在立法层面的规定，其实和德国 1981 年之前的情形是一样的，直接侵权的规定要求行为人具有生产经营目的，但在现实中，对于帮助或诱导不具备生产经营目的之主体实施专利技术的人，我国又有着追究其责任的需求。这导致了司法上不得不跨越其权限，突破立法机关制定的侵权行为法，不要求存在直接侵权的情况下仍然追究间接侵权人的责任。

笔者认为，我国应该通过立法方式来突破民法典侵权编的规定，将间接侵权行为独立于直接侵权之外。这样一方面能解决目前司法上的困境，另一方面也为多主体分别实施某些步骤导致权利要求中全部技术特征被实施的情况，在司法上留下了足够的解释空间，而无须对这种情况引入客观关联共同说、不合理地限制公众的自由空间，也损害以云计算、通信等具有多主体特征的技术的推广和应用。

此外，即使在制定法中将间接侵权制度独立出来，对于多主体分别专利侵权的情况，在我国也同样可以适用民法中共同侵权规则来进行兜底，以更好地对专利进行保护。只不过，这种对民法中的侵权理论的适用，不应逾越民法典和侵权法理论的规定。具体而言，笔者认为可以从侵权行为的构成要件——因果关系的角度考察某个多主体分别专利侵权行为中是否存在着一个对方法专利的所有特征被执行这一结果负责的人，从而拟将其他人的行为归咎给他；如果没有这样的人存在，所有人的行为在方法专利的所有特征被执行这一结果的达成上都有相似的因果关系，则宜坚持共同过错说来对共同侵权行为是否存在进行认定。

更值得一提的是，通过研究我国现行专利立法及司法在专利共同侵权问题的实践，可以看到我国目前司法与立法之间的关系需要进一步澄清，司法能动性的边界到底在哪里、如何在坚持党的领导下划分好立法与司法的界限，这是我国建设社会主义法治需要讨论的根本性问题之一。我国《立法法》第 104 条规定："最高人民法院、最高人民检察院作出的属于审判、检察工作中具体应用法律的解释，应当主要针对具体的法律条文，并符合立法的目的、原则和原意。"笔者认为，司法作为一项重要的国家权力，确实应该体现出对社会需求的回应、对党的政策的落实，但实现这一目标的妥当方法是通过对现有立法的目的、原则和原意的解释来完成其使命，而非在明确的立法之外通过司法裁判或者司法解释的方式另立新法。在无法通过对法律的解释来完成这一任务时，司法应该承认其自身的局限性，而让位于立法层面来解决。这个问题对于专利权这样具有强法定性的权利尤其重要，因为这种权利本质上是在物理上并不具有稀缺性的资源（即"智力成果"这一种"信息"）上设立排他权，因而通过立法来划定权利边界，为社会公众设立清晰的行为界限，比起在司法个案中对专利权人的某种特别保护，可能是一种更大的"利益平衡"。

参考文献

一、中文文献

（一）著作

陈华彬：《债法各论》，中国法制出版社 2014 年版。

邓曾甲：《日本民法概论》，法律出版社 1995 年版。

王利明：《侵权行为法归责原则研究》，中国政法大学出版社 2004 年版。

李明德：《美国知识产权法》，法律出版社 2014 年版。

李响：《美国侵权法原理及案例研究》，中国政法大学出版社 2004 年版。

全国人大常委会法制工作委员会民法室：《〈中华人民共和国侵权责任法〉条文说明、立法理由及相关规定》，北京大学出版社 2010 年版。

王泽鉴：《侵权行为》，北京大学出版社 2009 年版。

闫文军：《专利权的保护范围》，法律出版社 2018 年版。

杨立新：《〈中华人民共和国侵权责任法〉条文释解与司法适用》，人民法院出版社 2010 年版。

杨立新：《侵权责任法：条文背后的故事与难题》，法律出版社 2011 年版。

于敏：《日本侵权行为法》，法律出版社 2015 年版。

张新宝：《侵权责任法原理》，中国人民大学出版社 2005 年版。

郑玉波：《民法债编总论（修订二版）》，中国政法大学出版社 2004 年版。

（二）译著

［德］埃尔温·多伊奇、［德］汉斯－于尔根·阿伦斯：《德国侵权法——侵权行为、损害赔偿及痛苦抚慰金》，叶名怡、温大军译，中国人民

大学出版社 2016 年版。

　　［德］迪特尔·梅迪库斯：《德国债法总论》，杜景林、卢谌译，法律出版社 2004 年版。

　　［德］迪特尔·梅迪库斯：《德国债法分论》，杜景林、卢谌译，法律出版社 2007 年版。

　　［德］鲁道夫·克拉瑟：《专利法——德国专利和实用新型法、欧洲和国际专利法》，单晓光、张韬略、于馨淼等译，知识产权出版社 2016 年版。

　　［法］弗雷德里克·巴斯夏：《财产、法律与政府》，秋风译，商务印书馆 2012 年版。

　　［美］文森特·R. 约翰逊：《美国侵权法》，赵秀文等译，中国人民大学出版社 2017 年版。

　　《德国民法典》，陈伟佐译，法律出版社 2015 年版。

　　《德国刑法典》，徐久生、庄敬华译，中国方正出版社 2004 年版。

　　［日］吉村良一：《日本侵权行为法》，张挺译，中国人民大学出版社 2013 年版。

　　［日］青山紘一：《日本专利法概论》，聂宁乐译，知识产权出版社 2014 年版。

（三）论文

　　程永顺：《〈专利法〉第三次修改留下的遗憾——以保护专利权为视角》，《电子知识产权》2009 年第 5 期。

　　邓宏光：《我国专利间接侵权之制度选择》，《西南民族大学学报》（人文社科版）2006 年第 4 期。

　　管育鹰：《软件相关方法专利多主体分别实施侵权的责任分析》，《知识产权》2020 年第 3 期。

　　李杏园：《共同侵权诉讼形式探析》，《河北学刊》2008 年第 2 期。

　　刘友华、徐敏：《美国方法专利拆分侵权认定的最新趋势——以 Akamai 案为视角》，《知识产权》2014 年第 9 期。

　　田小伍、贺保平：《〈侵权责任法〉对专利权保护的法律适用》，载《发展知识产权服务业，支撑创新型国家建设——2012 年中华全国专利代理人协会年会第三届知识产权论坛论文选编》（第二部分），知识产权出版社 2012 年版。

　　姜丹明：《关于间接侵权》，载《专利法研究（1999）》，知识产权出版社 1999 年版。

李岚林：《论对向犯的形成结构》，《广西政法管理干部学院学报》2014年第 2 期。

王凌红：《我国专利间接侵权制度的立法方向——以利益平衡为视点求解〈专利法〉第三次修改的未决立法课题》，《电子知识产权》2009 年第6 期。

沈剑锋、何经纬：《数人联合实施方法专利步骤的侵权认定标准》，《知识产权》2015 年第 8 期。

宋献涛：《云计算时代间接侵权的困境和出路》，《中国专利与商标》2015 年第 1 期。

陶凯元：《开拓创新，知识产权审判工作实现历史性发展》，2018 年 7 月9 日在"第四次全国法院知识产权审判工作会议暨知识产权审判工作先进集体和先进个人表彰大会"的讲话。

吴观乐：《关于间接侵权——对专利法增补"间接侵权"条款的建议》，《中国专利与商标》1997 年第 2 期。

熊文聪：《被误读的专利间接侵权规则——以美国法的变迁为线索》，《东方法学》2011 年第 1 期。

闫刚：《浅析专利间接侵权》，《中国发明与专利》2008 年第 9 期。

闫文军、金黎峰：《专利间接侵权的比较与适用——兼评 2016 年最高人民法院司法解释的相关规定》，《知识产权》2016 年 7 期。

杨萌、郑志柱：《专利间接侵权与专利侵权判定原则》，《知识产权》2011 年第 4 期。

易继明："日本专利法的历史发展（代序）"，载杜颖、易继明译，《日本专利法》，法律出版社 2001 年版。

于立彪：《关于我国是否有专利间接侵权理论适用空间的探讨》，《专利法研究 2007》，知识产权出版社 2008 年版。

袁博：《"专利间接侵权"应当如何追责》，《中国知识产权报》2015 年11 月 18 日。

张玲：《我国专利间接侵权的困境及立法建议》，《政法论丛》2009 年第2 期。

张其鉴：《我国专利间接侵权立法模式之反思——以评析法释〔2016〕1号第 21 条为中心》，《知识产权》2017 年第 4 期。

张玉敏、邓宏光：《专利间接侵权制度三论》，《学术论坛》2006 年第 1 期。

张泽吾：《方法专利分离式侵权判定研究》，《法学杂志》2016 年第 3 期。

（四）法律法规

北京市高级人民法院《专利侵权判定指南（2017）》

北京市高级人民法院 2001《专利侵权判定若干问题的意见（试行）》

北京市高级人民法院《专利侵权判定指南（2013）》

最高人民法院《关于审理侵犯专利权纠纷案件应用法律若干问题的解释（二）》

最高人民法院《关于审理人身损害赔偿案件适用法律若干问题的解释》

《中华人民共和国民法典》

《中华人民共和国侵权责任法》

《中华人民共和国专利法》

（五）司法案例

"华瑞东江微营养添加剂（深圳）有限公司与广州科城环保科技有限公司侵害发明专利权纠纷案"，（2014）粤高法民三终字第 997 号。

"昆山晶丰电子有限公司与 WAC 数据服务有限公司（WAC DATASERVICE）侵犯专利权纠纷案"，（2008）津高民三终字第 003 号。

"刘雪华与济南开发区鑫环能锅炉研究所等实用新型专利侵权纠纷上诉案"，（2001）鲁民三终字第 2 号。

"（日本）组合化学工业株式会社等与江苏省激素研究所有限公司等专利侵权纠纷案"，（2005）苏民三终字第 014 号。

"深圳敦骏科技有限公司与深圳市吉祥腾达科技有限公司专利侵权纠纷案"二审判决，（2019）最高法知民终 147 号。

"太原重型机器厂诉太原电子系统工程公司、阳泉煤矿电子设备二厂专利侵权纠纷案"，（1993）晋经终字第 152 号。

"西安西电捷通无线网络通信股份有限公司与索尼移动通信产品（中国）有限公司专利侵权纠纷案"一审判决，（2015）京知民初字第 1194 号。

"西安西电捷通无线网络通信股份有限公司与索尼移动通信产品（中国）有限公司专利侵权纠纷案"二审判决，（2017）京民终 454 号。

"株式会社普利司通与福建省晋江市英山橡胶工业有限公司、建新橡胶（福建）有限公司等侵害外观设计专利权纠纷案"，（2014）豫法知民终字第 5 号。

二、外文文献

(一) 著作

Dan B. Dobbs, Paul T. Hayden and Ellen M. Bublick, *The Law of Torts*, second ed. , Thomson Reuters, 2017.

Donald S. Chisum, *Chisum on Patents*, Matthew Bender & Company, Inc. , 2017.

James A. Henderson, Jr. , Richard N. Pearson and John A. Siliciano, *The Tort Process*, Aspen Law & Business, 1999.

R. Carl Moy, *Moy's Walker on Patents*, 4th ed. , Thomson Reuters, 2015.

W. Page Keeton, Dan B. Dobbs, Robert E. Keeton, and DavidG. Owen, *Proseer & Keeton on Torts*, West Group, 2017.

(二) 论文

Agnieszka Kupzok, "Enforcement of Patents on the Internet-Challenges, Trends, and Approaches", *IIP Bulletin*, 2011.

Eisenführ Speiser ed. , *Recent Case Law in German Patent Law* 2016, https：//www. eisenfuhr. com/files/recent_ case_ law_ in_ german_ patent_ law_ 2016. pdf, last visited on Oct 18, 2020.

Hisao Shiomi, "Contemporary Problems on Japanese Patent Law from the Perspective of the European Patent Law—Analysis of the Framework on Infringement by Multiple Infringers under the Patent Law (The Case of Indirect Patent Infringement)", *IIP Bulletin*, 2004.

JEON, SeongTae, "A Study on Joint Infringement of Network-related Patent—Focused on the Comparisons of the Cases and Theory in Korea, Japan and United States", *IIP Bulletin*, 2015.

Mark A. Lemley, David W. O'Brien, Ryan M. Kent, Ashok Ramani, & Robert Van Nest, "Divided Infringement Claims", *American Intellectual Property Law Association Quarterly Journal*, Vol. 33, Number 3, 2005.

Miyuki Tsuyuki, "Study on Constructing a Theory Toward Solving Diversified Indirect Infringements", *IIP Bullentin*, 2013, Vol. 22.

Nathanial Grow, "Resolving the Divided Patent Infringement Dilemma",

University of Michigan Journal of Law Reform, Volume 50, Issue 1, 2016.

O. W. Holmes, Jr., "Agency", *Harvard Law Review*, Volume 4, March, 1891.

Sabine Boos, "Carrier's Liability for Patent Infringement Under German Law", *International Review of Intellectual Property and Competition Law*, 2010.

Sarah Matheson, John Osha, Anne Marie Verschuur, Yusuke Inui, Ari Laakkonen and Ralph Nack, "2018 – Study Question Joint liability for IP infringement", http：//www. aippi – us. org/docs/2017 – Sydney/Patentability – of – Computer – Implemented – Inventions. pdf, last visited on Oct 18, 2020.

Stacie L. Greskowiak, "Joint Infringement After BMC：The Demise of Process Patents", *Loyola University Chicago Law Journal*, Volume 41, Issue 2, 2010.

Takeshi Aoki, Koji Akutsu, Katsumi Isogai, Yusuke Inui, Yasuharu Uchibori, Shimako Kato, Tomohiko Makino and Hikaru Watanabe, "Liability for contributory infringement of IPRs-certain aspects of patent infringement", https：// aippi. org/download/commitees/204P/GR204Pjapan. pdf, last visited on Oct 7, 2020.

The Japanese Group, "The patentability of business methods", http：// aippi. org/wp – content/uploads/committees/158/GR158japan. pdf, last visited on Oct 7, 2020.

Von Rainer Klaka, "Die mittelbare Patentverletzung in der deutschen Rechtspraxis", *Gewerblicher Rechtsschutz und Urheberrecht（GRUR）*, 1977.

（三）外国法律/法律重述

35 U. S. C.

Patent Act of 1836, Ch. 357, 5 Stat. 117（July 4, 1836）—An Act to promote the progress of useful arts, and to repeal all acts and parts of acts heretofore made for that purpose.

Patent Law Amendments Act of 1984. , 98 Stat. 3383

Patentgesetz（in der Fassung vom 2. Januar 1968）

Patentgesetz（zuletzt geändert durch Gesetz vom 8. Oktober 2017）

Process Patent Amendments Act of 1988

Restatement（Second）of Agency

Restatement（Third）of Agency

Restatement（First）of Torts

Restatement（Second）of Torts

Japan's Patent Act，http：//www. japaneselawtranslation. go. jp/law/detail/? id = 3118&vm = 04&re = 01，and http：//www. wipo. int/wipolex/en/details. jsp? id = 16061，last visted on Oct. 18，2020

（四）国外案例

Akamai Technologies，Inc. v. Limelight Networks，629 F. 3d 1311（2010）.

Akamai Techs. ，Inc. v. Limelight Networks，Inc. ，692 F. 3d 1301（2012）.

Akamai Techs. ，Inc. v. Limelight Networks，Inc. ，786 F. 3d 899（2015）.

Akamai Technologies，Inc. v. Limelight Networks，797 F. 3d 1020（2015）.

"Aluminum oxidation"，*Gewerblicher Rechtsschutz und Urheberrecht（GRUR）*，1940.

Applied Interact，LLC v. Vt. Teddy Bear Co. ，2005 U. S. Dist. LEXIS 19070（2005）.

Aro Mfg. Co. v. Convertible Top Replacement Co. ，365 U. S. 336（1961）.

Aro Mfg. Co. v. Convertible Top Replacement Co. ，377 U. S. 476（1964）.

"Befeuchtungsvorrichtung für Textileinzelstücke"，*Gewerblicher Rechtsschutz und Urheberrecht（GRUR）*，1938.

"BGH 08. 11. 1960 I ZR 67/59 'Metallspritzverfahren'"，*Gewerblicher Rechtsschutz und Urheberrecht（GRUR）*，1960.

"BGH：BGH 17. 03. 1961 I ZR 94/59 'Gewinderollkopf'"，*Gewerblicher Rechtsschutz und Urheberrecht（GRUR）*，1961.

"BGH 30. 04. 1964 Ia ZR 224/63 'Formsand II'"，*Gewerblicher Rechtsschutz und Urheberrecht（GRUR）*，1964.

"BGH：Begriff der mittelbaren Patentverletzung nach altem Recht-Rigg"，*Neue Juristische Wochenschrift（NJW）*，1982.

BMC Res. ，Inc. v. Paymentech，L. P. ，2006 U. S. Dist. LEXIS 37746（2006）.

BMC Res. ，Inc. v. Paymentech，L. P. ，498 F. 3d 1373（2007）.

Carbice Corp. of America v. American Patents Development Corp. ，283 U. S. 27（1931）.

Centillion Data Sys. ，LLC v. Qwest Communs. Int'l，631 F. 3d 1279

（2011）.

Cisco Sys. v. ITC, 873 F. 3d 1354（2017）.

Commil USA, LLC v. Cisco Sys. , 135 S. Ct. 1920（2015）.

Cortelyou v. Charles Eneu Johnson & Co. , 207 U. S. 196（1907）.

Cybiotronics v. Golden Source Elecs. , 130 F. Supp. 2d 1152（2001）.

Deepsouth Packing Co. v. Laitram Corp. , 406 U. S. 518（1972）.

Decision Federal Supreme Court（Bundesgerichtshof）June 3, 2004Case No. X ZR 82/03. "Rotation Speed Determination"（Drehzahlermittlung）, *International Review of Intellectual Property and Competition Law*, 2005.

Decision Federal Supreme Court（Bundesgerichtshof）vom 17 September 2009 – Case No. Xa ZR 2/08 "MP3 Player Import", *International Review of Intellectual Property and Competition Law*, 2010.

Faroudja Labs. , Inc. v. Dwin Elecs. , Inc. , 1999 U. S. Dist. LEXIS 22987（1999）.

Federal Supreme Court（Bundesgerichtshof）, July 27, 2007, Case: XZR 113/03, "Pipe Welding Process", *International Review of Intellectual Property and Competition Law*, 2008.

Global-Tech Appliances, Inc. v. SEB S. A. , 563 U. S. 754（2011）.

Henry v. A. B. Dick, 224 U. S. 1（1912）.

Hewlett-Packard v. Bausch & Lomb, 909 F. 2d 1464（1990）. Hill v. Amazon. com, Inc. , 2006 U. S. Dist. LEXIS 3389（2006）.

Keplinger v. De Young, 23 U. S. 358（1825）.

"Konkludentes Einverständnis mit Patentnutzung durch Datenlieferung", *GRUR* 2007.

OLG Düsseldorf, Urteil vom 10. 12. 2009 – 2 U 51/08, *BeckRS*, 2010.

"OLG Düsseldorf: Unmittelbare Benutzung bei möglicher Steuerung des patentgemäßen letzten Herstellungsakts-Primäre Verschlüsselungslogik", OLG Düsseldorf, Urt. v. 19. 2. 2015 – I – 15 U 39/14, *GRUR – RR*, 2016.

Limelight Networks, Inc. v. Akamai Techs. , Inc. , 134 S. Ct. 895（2014）.

Limelight Networks, Inc. v. Akamai Techs. , Inc. , 134 S. Ct. 2111（2014）.

Liqwd v. L'Oréal USA, 2018 U. S. App. LEXIS 1078（2018）.

McKesson Techs. Inc. v. Epic Sys. Corp., 98 U. S. P. Q. 2D（BNA）1281（2011）.

Mercoid Corp. v. Mid-Continent Inv. Co., 320 U. S. 661（1944）.

Metal Film Co. v. Metlon Corp., 316 F. Supp. 96（1970）.

Motion Pictures Patents Co. v. Universal Film Manufacturing Co., 243 U. S. 502（1917）.

Muniauction, Inc. v. Thomson Corp., 502 F. Supp. 2d 477（2007）.

Pac-Tec v. Amerace, 903 F. 2d 796（1990）.

"Schadensersatzpflicht von Demonstranten fürnicht nur kurzfristige Blockade einer Baustelle-Gewerbepark", *Neue Juristische Wochenschrift*（*NJW*）, 1998.

Shields v. Halliburton Co., 493 F. Supp. 1376（1980）.

South Carolina Ins. Co. v. James C. Greene and Co., 348 S. E. 2d 617（1986）.

Sun Oil Co. v. Robicheaux, 23 S. W. 2d 713（1930）.

Travel Sentry v. Tropp, 877 F. 3d 1370（2017）.

Wallace v. Holmes, 29 F. Cas. 74（1871）.

"面包机"案，平成8年（ワ）12109号。

"一太郎"案，平成17年（ネ）10040号。

"FM信号解调器"案，2000（Ju）580, http：//www. courts. go. jp/app/hanrei_ en/detail? id＝619, last visted on Feb 26, 2019。

"制作电沉积图像方法"案，平成12年（ワ）20503号。

"眼镜镜片生产系统"案，平成16年（ワ）25576号。

"互联网号码"案一审判决，平成19年（ワ）2352号。

"互联网号码"案二审判决，平成20年（ネ）10085号及其英文翻译 http：//www. ip. courts. go. jp/app/files/hanrei_ en/161/000161. pdf, 2020年10月7日最后访问。

"金属车棚"案，平成25年（ネ）第10025号。

索 引

第九批《中国社会科学博士后文库》专家推荐表 1

　　《中国社会科学博士后文库》由中国社会科学院与全国博士后管理委员会共同设立，旨在集中推出选题立意高、成果质量高、真正反映当前我国哲学社会科学领域博士后研究最高学术水准的创新成果，充分发挥哲学社会科学优秀博士后科研成果和优秀博士后人才的引领示范作用，让《文库》著作真正成为时代的符号、学术的示范。

推荐专家姓名	李明德	电　话	
专业技术职务	研究员	研究专长	知识产权法
工作单位	中国社会科学院法学研究所	行政职务	
推荐成果名称	专利共同侵权制度研究		
成果作者姓名	张晓		

　　（对书稿的学术创新、理论价值、现实意义、政治理论倾向及是否具有出版价值等方面做出全面评价，并指出其不足之处）

　　该报告对世界英美法系和大陆法系中的三个国家美国、德国和日本的专利共同侵权制度作了深入研究，尤其是通过研究这一制度与这些国家一般民事共同侵权制度的关系，发现专利共同侵权制度的背后蕴藏着各国国家权力分配的制度逻辑，这为我国学界对该问题进行比较研究提供了很好的视角。

　　当前我国正朝创新型市场经济国家转型，这需通过加强专利权的保护以促进科技创新，同时又要为社会公众提供清晰可预见的边界以提高市场活力。本报告对如何在共同侵权这一问题上划定这一边界提供了很好的理论阐释，具有出版价值。

　　本报告逻辑严谨，资料翔实，对我国的专利共同侵权制度也有具体和合理的建议。其中建议对多主体侵权问题采共同过错说，若能进一步加强论证将会更好。

签字：

2019 年 11 月 12 日

说明：该推荐表须由具有正高级专业技术职务的同行专家填写，并由推荐人亲自签字，一旦推荐，须承担个人信誉责任。如推荐书稿入选《文库》，推荐专家姓名及推荐意见将印入著作。

第九批《中国社会科学博士后文库》专家推荐表 2

　　《中国社会科学博士后文库》由中国社会科学院与全国博士后管理委员会共同设立,旨在集中推出选题立意高、成果质量高、真正反映当前我国哲学社会科学领域博士后研究最高学术水准的创新成果,充分发挥哲学社会科学优秀博士后科研成果和优秀博士后人才的引领示范作用,让《文库》著作真正成为时代的符号、学术的示范。

推荐专家姓名	管育鹰	电　　话	
专业技术职务	研究员	研究专长	知识产权法
工作单位	中国社会科学院法学研究所	行政职务	知识产权室主任
推荐成果名称	专利共同侵权制度研究		
成果作者姓名	张晓		

　　(对书稿的学术创新、理论价值、现实意义、政治理论倾向及是否具有出版价值等方面做出全面评价,并指出其不足之处)

　　该报告使用了美国、德国和日本大量的一手案例资料,从中发掘出各国专利共同侵权制度与一般民事侵权制度之间的区别及其内在逻辑,并通过论证实施专利技术与专利侵权这两个概念之间在法律价值判断上的区别,厘清了这些国家立法中设立独立的专利共同侵权制度的价值。这些研究成果有助于澄清我国理论界和实务界在讨论相关问题时的一些混淆之处,为我国建立独立的专利共同侵权制度提供了较清晰的理论支持。

　　该报告资料翔实、论证严密,体现了作者良好的研究功底和治学态度。尤其是对德国不同时期立法和司法实践的比较研究,对于认清我国当前的立法和司法状况与问题所在,具有建设性意义。推荐予以出版。

　　就不足之处而言,对美国、日本和德国目前的"归咎"理论的区别的论述可以进一步加强。

签字:

2019 年 11 月 12 日

说明:该推荐表须由具有正高级专业技术职务的同行专家填写,并由推荐人亲自签字,一旦推荐,须承担个人信誉责任。如推荐书稿入选《文库》,推荐专家姓名及推荐意见将印入著作。